시튼 동물기 3

시튼 동물기

3

어니스트 톰프슨 시튼 지음
햇살과나무꾼 옮김

논장

시튼 동물기 **3**

개정판 2쇄 2021년 5월 25일 | 개정판 1쇄 2019년 3월 25일 | 초판 1쇄 2000년 1월 20일
지은이 어니스트 톰프슨 시튼 | 옮긴이 햇살과나무꾼
펴낸이 박강희 | 펴낸곳 도서출판 논장 | 등록 제10-172호·1987년 12월 18일
주소 10881 경기도 파주시 회동길 329 | 전화 031-955-9164 | 팩스 031-955-9167
제조국명 대한민국 | 사용연령 8세 이상
주의사항 종이에 베이거나 긁히지 않도록 조심하세요.
ISBN 978-89-8414-344-9 74840
ISBN 978-89-8414-341-8(전5권)

ⓒ 논장 2019

• 잘못 만들어진 책은 구입하신 서점에서 바꾸어 드립니다.
• 책값은 뒤표지에 있습니다.

이 도서의 국립중앙도서관 출판예정도서목록(CIP)은 서지정보유통지원시스템 홈페이지(http://seoji.nl.go.kr)와
국가자료공동목록시스템(http://www.ni.go.kr/kolisnet)에서 이용하실 수 있습니다.(CIP제어번호:CIP2019008433)

"영웅이란
남다른 재능과 업적의 소유자를 말한다.
이 정의는 인간과 동물 모두에게 해당한다.
영웅의 이야기는 사람들의 가슴과
상상력을 움직이는 힘이 있다."

일러두기

- 이 책은 원작《Animal Heroes》에서 〈Arnaux: The Chronicle of a Homing Pigeon〉, 〈The Winnipeg Wolf〉, 〈The Legend of the White Reindeer〉, 〈The Boy and the Lynx〉를 우리말로 옮겼습니다.
- 동식물의 이름은 두산백과사전 두피디아와 브리태니커 백과사전 등을 바탕으로 하고 한국어명이 정확하지 않은 경우 학명과 해당 종의 특성을 참고해 실용적 표기를 따랐습니다.
- 외국 지명과 인명 등은 국립국어원 외래어표기법을 따르되 관용적인 표기와 동떨어진 경우 절충하여 관례를 따랐습니다.
- 국립국어원에서 정한, 저자 Ernest Evan Thompson Seton의 표기는 '어니스트 에번 톰프슨 시턴' 입니다. 이 책에서는 통상적으로 널리 쓰는 '시튼'으로 표기했습니다.

차
례

비둘기 아녹스의 마지막 귀향
9

소년을 사랑한 늑대
51

하얀 순록의 전설
89

소년과 스라소니
141

옮긴이의 말
시튼의 삶과 문학·수록 작품 해설
182

시튼의 생애
196

ARNAUX
The Chronicle of a Homing Pigeon
비둘기 아녹스의 마지막 귀향

1

 우리는 웨스트 19번가에 있는 커다란 마구간 옆문으로 들어갔다. 마구간은 깨끗하게 치워져 있었는데, 사다리를 타고 기다란 다락으로 올라가는 동안 줄곧 향긋한 건초 냄새가 코끝에 감겼다. 곧이어 칸막이로 나누어진 다락 남쪽 끝에서 '파닥, 파닥, 파다닥' 하는 날갯짓 소리와 함께 '구구구, 구우' 하는 귀에 익은 소리가 들려왔다. 드디어 비둘기장에 도착한 것이다.
 이곳은 유명한 전서구*들의 집으로, 오늘은 어린 비둘기 50마리의 경주가 있는 날이다. 비둘기장 주인은 내가 외부 사람이라 선입견이 없을 테니까 심판을 맡아 달라고 했다.

---

* 자기 집을 찾아 돌아오는 비둘기의 본능을 이용하여 통신이나 군사용으로 쓰기 위해 훈련시킨 비둘기.

이번 경주는 어린 새들을 훈련시키기 위한 것이었다. 어린 새들은 이미 몇 차례에 걸쳐 부모 새들과 함께 가까운 곳으로 나갔다가 비둘기장으로 돌아오는 훈련을 받았다. 그러나 오늘은 이 어린 비둘기들이 난생처음으로 부모 없이 날아와야 했다. 출발지인 뉴저지 엘리자베스는 처음으로 혼자서 집을 찾아와야 하는 이 어린 비둘기들한테 가까운 거리라고는 할 수 없었다.

비둘기 조련사가 말했다.

"이렇게 하면 멍텅구리들을 추려 낼 수 있거든. 우수한 놈들만 돌아올 테니까. 그런 놈만 있으면 충분해."

이번 비행에는 또 다른 목적도 있었다. 돌아오는 비둘기들끼리도 경주를 치르는 것이다.

이 부근의 몇몇 비둘기 애호가뿐 아니라 비둘기장 부근에 사는 모든 사람들은 저마다 좋아하는 전서구가 한 마리씩 있었다. 사람들은 겨울 동안 돈을 모아, 어떤 전서구에게 상금을 줄 것인지 결정하는 중요한 임무를 내게 맡겼다.

우승자는 맨 먼저 돌아오는 비둘기가 아니라, 맨 먼저 비둘기장 안으로 들어오는 비둘기였다. 왜냐하면 돌아오는 즉시 집으로 오지 않고 동네를 돌아다니는 전서구는 편지를 전하는 일에 별 쓸모가 없기 때문이다.

옛날에는 전서구를 소식을 전해 준다고 해서 '집배원'이

라는 뜻으로 '캐리어(carrier)'라고 불렀는데, 이곳에 와서 보니 캐리어 비둘기는 부리 둘레의 살이 과장스레 발달한 전시회용 새를 일컫는 말이었다. 요즘은 소식을 전해 주는 비둘기를 '항상 집(home)으로 돌아오는 새'라는 뜻으로 '호머(homer)', 또는 '호밍 피전(homing pigeon)'이라고 부른다. 이 비둘기들은 특별한 색깔을 띠지도 않고, 전시회에 출품하는 새처럼 화려한 장식도 없다. 사람들이 이 새를 키우는 이유는 멋진 겉모습이 아니라 지적 능력과 빨리 나는 능력 때문이다.

전서구는 집에 충실해야 하며, 반드시 집으로 돌아올 수 있어야 한다. 방향 감각이 뛰어난 것은 귓속에 있는 미로같이 생긴 기관 덕분인데, 훌륭한 전서구처럼 예리한 위치 감각과 방향 감각을 가진 동물은 흔치 않다. 이러한 능력을 입증하는 것은 오직 양쪽 귀 위에 나 있는 큼직한 혹과 집을 사랑하는 고귀한 열정을 좇는 훌륭한 날개뿐이다. 그리고 이제 이 어린 비둘기들이 가진 지적 능력과 육체적인 능력을 시험할 때가 온 것이다.

목격자야 엄청나게 많겠지만, 나는 비둘기장 문을 하나만 열어 두고 첫 번째 비둘기가 들어오자마자 그 문을 닫는 게 제일 좋겠다고 생각했다.

나는 그날의 흥분을 결코 잊을 수 없다. 나에게는 이런 주의 사항이 떨어졌다.

"비둘기들은 12시에 출발해서 12시 30분까지 이곳으로 돌아와야 합니다. 정신을 바짝 차려야 할 순간이지요. 마치 회오리바람처럼 몰려와서 이 안에 들어오기 전까지는 잘 보이지도 않을 테니까요."

우리는 모두 비둘기장 안에 늘어서서 초조해하며 남서쪽 지평선을 훑어보며 살짝 열린 비둘기장 문을 흘낏거렸다. 그때 누군가가 소리쳤다.

"저기 비둘기들이 몰려온다!"

하얀 구름 같은 비둘기들이 눈에 들어왔다. 비둘기들은 거대한 굴뚝 주위에 모여 있는 지붕들 위로 낮게 날아왔다. 처음 눈에 띈 지 불과 2초 만이었다. 비둘기들은 마치 하얀 빛줄기처럼 세차게, 너무나 짧은 순간에 너무나 갑자기 밀어닥쳤고, 그 바람에 준비를 단단히 하고 있던 나까지 허둥댔다.

나는 딱 하나만 열어 놓은 문가에 서 있었다. 푸른 화살이 쌩하니 날아들어 내 얼굴을 후려치며 지나갔다. 그 순간 작은 문을 닫을 겨를도 없이 사람들 사이에서 뜨거운 환호성이 터져 나왔다.

"아녹스야, 아녹스! 거봐, 아녹스가 우승할 거라고 했잖아. 아, 사랑스러운 녀석. 겨우 석 달밖에 안 된 놈이 일 등을 하다니, 정말 깜찍한 녀석이야!"

아녹스의 주인은 상금보다는 자기 새가 기특해서 덩실덩실 춤을 추었다.

사람들은 바닥에 주저앉거나 무릎을 꿇고, 아녹스가 물을 마신 뒤 먹이통 쪽으로 돌아서는 모습을 존경스러운 눈으로 지켜보았다.

"저 눈과 날개 좀 봐. 그리고 저런 가슴을 본 적 있나? 아, 정말 대단한 녀석이야!"

아녹스의 주인은 자기 새가 지는 바람에 시무룩해진 사람들 앞에서 신이 나서 떠벌렸다.

그것이 아녹스가 이룩한 첫 번째 위업이었다. 좋은 비둘기장에서 자란 비둘기 50마리 가운데 최고로 뛰어난 비둘기로서 아녹스의 앞날에 밝은 희망이 비쳤다.

아녹스는 훌륭한 전서구들만 찰 수 있는 신성한 은빛 고리를 발목에 둘렀다. 거기에는 '2590C'라는 아녹스의 번호가 새겨져 있었는데, 이것은 오늘날 전서구 분야에 몸담고

있는 모든 이들에게 대단한 의미를 갖는다.

시험 비행 출발점인 엘리자베스에서 돌아온 비둘기는 40마리였다. 시험 비행은 대개 그렇다. 어떤 놈은 허약해서 뒤처지고, 어떤 놈은 멍청해서 옆길로 샌다. 비둘기 주인들은 이 간단한 선별 과정을 통해 자기 새의 능력을 키워 나갔다. 열 마리 중 다섯 마리는 끝까지 돌아오지 않았지만, 나머지 다섯 마리는 그날 오후에 띄엄띄엄 돌아왔다. 그중에서도 가장 늑장꾸러기는 미련하게 덩치만 큰 푸른색 비둘기였다.

비둘기장에 있던 사람이 소리쳤다.

"저기 봐, 제이키가 돈을 건 멍청한 파란 비둘기야. 영영 못 돌아올 줄 알았는데. 어쨌거나 상관없지, 뭐. 저 녀석은 다리가 긴 집비둘기의 피를 이어받은 것 같아."

구석 상자에서 태어났다고 '구석 상자'라고도 부르는 파란 비둘기 빅블루는 날 때부터 놀라운 힘을 자랑했다. 빅블루는 또래 중에서도 유독 몸집이 쑥쑥 불어났고, 생김새도 점점 훤해졌다. 물론 비둘기 사육사들은 비둘기의 생김새에는 별 관심이 없었다. 하지만 빅블루는 잔뜩 우쭐해져서 어릴 때부터 자기보다 작은 비둘기들을 괴롭혔다. 주인은 빅블루가 큰일을 해낼 거라고 장담했지만, 비둘기장 일꾼 빌리는 빅블루의 목 길이나 커다란 모이주머니, 행동거

지와 지나치게 우람한 덩치를 보고 늘 미심쩍어했다.

"저렇게 큰 바람 주머니를 달고 빨리 나는 새는 못 봤어. 저 긴 다리는 천근같이 무거울 테고, 목에도 힘이 전혀 없어 보이잖아."

아침마다 비둘기장을 청소할 때면, 빌리는 그렇게 빅블루를 헐뜯곤 했다.

2

그 뒤로도 비둘기들의 훈련은 정기적으로 계속되었다. 훈련 때마다 출발지에서 집까지의 거리가 40킬로미터 내지 50킬로미터씩 '훌쩍 뛰었고', 매번 출발지의 방향을 바꾸어 전서구들이 뉴욕 주위 240킬로미터 이내의 지역을 속속들이 알게 했다.

그사이 처음에는 50마리였던 비둘기가 20마리로 줄었다. 몸이 약하고 재능이 없는 비둘기는 물론이고 일시적으로 병에 걸리거나 사고를 당한 비둘기, 출발 전에 먹이를 너무 많이 먹은 비둘기도 엄격한 훈련 과정에서 탈락했기 때문이다.

비행 훈련에는 딱 벌어진 가슴, 초롱초롱한 눈, 긴 날개를 가진 훌륭한 비둘기들이 많이 참가했다. 이들은 중요한 소

식을 전해 주기에 알맞도록 누구보다도 빠른 속도와 강한 용기를 타고난 비둘기들이었다.

이 비둘기들은 주로 흰색이나 파란색 또는 갈색이었다. 제복을 입지는 않았지만, 이렇게 선별된 비둘기들은 훌륭한 전서구의 피를 이어받아 하나같이 눈이 초롱초롱하고 귀가 볼록 튀어나와 있었다. 그중에서도 가장 뛰어난 전서구는 훈련 때마다 거의 일 등을 놓치지 않는 조그만 아녹스였다.

아녹스는 가만히 있을 때는 그다지 눈에 띄지 않았다. 이제는 다른 전서구들도 모두 은빛 고리를 발목에 두르고 있었기 때문이다. 하지만 아녹스는 일단 하늘로 날아오르면 자신의 능력을 유감 없이 발휘했다. 큰 바구니 뚜껑이 열리고 출발 명령이 떨어지면, 아녹스는 맨 먼저 튀어나와 장애

물이 없는 곳까지 날아올라서 집으로 가는 길을 확인하고는, 먹이나 물이나 길벗 따위에는 눈길조차 주지 않고 곧장 날아갔다.

빌리가 늘 미심쩍어하던 빅블루도 스무 마리 안에 들었다. 빅블루는 툭하면 늑장을 부렸다. 맨 먼저 돌아온 적은 한 번도 없었고, 다른 비둘기들보다 몇 시간씩 늦게 돌아오기도 했다. 하지만 배고프거나 목말라하는 기색이 없는 것을 보면, 오는 길에 빈둥거리며 여기저기 기웃거린 게 분명했다. 그래도 빌리는 꼬박꼬박 돌아왔고, 나중에 유명해질지 어떨지는 모르지만 다른 전서구들처럼 번호가 새겨진 신성한 배지도 달았다.

빌리가 빅블루를 깔보면서 아녹스와 비교할 때마다, 빅블루의 주인은 이렇게 대꾸했다.

"기회만 줘 봐요. '대기만성'이라는 말도 있잖소. 처음에 가장 더딘 새가 나중에 가장 훌륭해지는 법이라고."

1년이 채 지나기 전에 아녹스는 기록을 세웠다. 전서구의 임무 가운데 가장 어려운 것은 바다를 건너는 일이다. 길 찾기에 필요한 이정표가 없기 때문이다. 그중에서도 가장 힘든 날은 안개가 낀 날인데, 그런 날은 햇빛마저 안개에 가려 비둘기를 안내해 줄 만한 게 전혀 없다. 기억력, 시력 그리고 청력조차 이용할 수 없을 때 전서구가 의지할 것은 딱 하나, 타고난 방향 감각이고, 그것이 바로 전서구의 위대한 능력이다. 그리고 이 능력을 파괴하는 것도 딱 하나, 두려움이다. 따라서 그 고귀한 날개 사이에는 반드시 튼튼한 심장이 있어야 한다.

아녹스는 동료 둘과 함께 훈련을 위해 유럽행 증기선을 탔다. 육지가 보이지 않는 곳에 이르면 전서구들을 날려 보내기로 했는데, 안개가 하도 짙어서 새들을 날려 보낼 수가 없었다. 증기선은 비둘기들을 다른 배에 태워서 돌려보낼 생각으로 그대로 계속 나아갔다.

그런데 10시간 뒤 짙은 안개에 둘러싸인 망망대해에서 엔진이 고장 나는 바람에, 증기선은 통나무처럼 바다 위를 정처 없이 떠돌았다. 도움을 청하는 방법은 뱃고동을 울리는 길밖에 없었지만, 그것은 끝없이 넓은 바다에서 선장이 손을 흔들며 구조를 요청하는 것이나 마찬가지였다.

그때 문득 전서구들이 떠올랐다. 맨 먼저 스타백 2592C가 뽑혔다. 물에 젖지 않는 종이에 구조를 요청하는 내용을 적어서 돌돌 만 다음 꼬리 깃털 아래쪽에 묶었다. 비둘기는 하늘로 날아오르더니 이내 사라졌다.

30분 뒤에 빅블루 2600C에게도 편지를 묶어 날려 보냈다. 하지만 빅블루는 이내 돌아와 밧줄 위에 내려앉았다. 빅블루는 겁에 질린 비둘기의 대표적인 경우였다. 빅블루

는 죽어도 배를 떠나려고 하지 않았다. 얼마나 겁을 먹었던지 사람한테 순순히 잡혀서 비둘기장 속에 처박혔다.

　이제 한 마리만 남았다. 조그맣고 다부지게 생긴 비둘기였다. 선원들은 그 새가 어떤 비둘기인지도 모른 채, 발목 띠를 보고 이름과 번호를 적었다. 바로 아녹스 2590C였다.

　난생처음 들어 보는 이름이었지만, 아녹스를 손에 쥔 선원은 아까 날린 비둘기와 달리 아녹스의 심장이 그다지 두근거리지 않는 것을 느꼈다.

　선원은 빅블루한테 묶어 주었던 편지를 도로 풀었다. 편지 내용은 다음과 같았다.

> 화요일 오전 10시. 뉴욕에서 340킬로미터 떨어진 해상에서 배가 고장 남. 현재 손도 쓰지 못한 채, 안개 속을 떠돌고 있음. 되도록 빨리 구조선을 보내 줄 것. 1분마다 한 번은 길게, 한 번은 짧게 경적을 울리겠음.
>
> 선장

선원은 이 편지를 돌돌 말아서 물에 젖지 않는 얇은 천에 넣고 증기선 회사 주소를 적은 다음 아녹스의 꼬리 가운데 깃털 아래쪽에 매달았다.

아녹스는 하늘로 날아올라 배 주위를 한 바퀴 돌고는, 좀 더 높이 올라가서 또 한 바퀴 돌고, 더 높이 올라가 더 넓은 원을 그리더니 시야에서 아주 사라졌다. 아녹스는 배의 모습도 배가 있다는 느낌도 완전히 사라질 때까지 날아올랐다. 단 하나의 감각만 남기고 모든 감각이 쓸모없어진 지금, 아녹스는 오직 남은 하나의 감각에만 몰두했다. 아녹스의 뛰어난 방향 감각은 두려움이라는 저 무시무시한 폭군에 앞에서도 자유로웠다.

아녹스는 항상 극지방을 가리키는 나침반처럼 한순간도 주저하지 않고 길을 나섰다. 그리고 배에서 떠나온 지 1분도 안 되어 자기가 태어난 비둘기장을 향해서 빛처럼 곧고 빠르게 날았다. 아녹스는 오직 그곳에서만 만족을 느낄 수

아녹스는 배 위로 날아올라 원을 그리며 아득히 먼 곳으로 사라졌다.

있었다.

 그날 오후, 빌리는 비둘기장을 돌보다가 슈웅 하는 날쌘 날갯짓 소리를 들었다. 파란 새가 비둘기장으로 번개처럼 날아들더니 물통으로 갔다. 비둘기가 허겁지겁 물을 먹는 모습을 보고, 빌리는 너무 놀라서 숨도 제대로 못 쉬었다.

 "아니, 아녹스, 너로구나, 우리 귀염둥이."

 빌리는 비둘기 사육사답게 재빨리 시계를 꺼내 오후 2시 40분이라고 기록했다. 아녹스를 훑어보니, 꼬리 깃털에 쪽지가 묶여 있었다.

 빌리는 문을 닫고 아녹스의 머리 위로 그물을 씌워 잡은 다음 돌돌 말린 종이를 펴 보았다. 2분 뒤, 빌리는 회사 사무실로 급히 뛰어가고 있었다. 사례금을 짭짤하게 받을 수 있겠다고 기대하며.

 사무실로 들어간 빌리는 육지에서 340킬로미터나 떨어진 바다에서 아녹스가 안개를 뚫고 4시간 40분 동안 날아왔다는 사실을 알게 되었다. 그로부터 한 시간이 못 되어 사고를 당한 증기선을 구하기 위해 구조선이 출발했다.

 '4시간 40분 만에 안개 낀 바다 위로 340킬로미터를 날아오다!'

 위대한 기록이었다. 아녹스는 당연히 전서구 협회의 명부에 기록되었다. 누군가 아녹스를 붙잡고 있는 사이에 서

기가 고무 인장과 지워지지 않는 잉크로 아녹스의 오른쪽 날개에 그날의 위대한 기록을 남겼다. 눈처럼 새하얀 아녹스의 첫째 날개깃에 날짜와 증명 번호, 그리고 아녹스의 위대한 업적이 기록된 것이다.

첫 번째로 날아갔던 전서구 스타백은 그 뒤로 영영 소식이 없었다. 아마도 바다에서 죽었으리라.

빅블루는 구조선을 타고 돌아왔다.

3

그것이 아녹스의 첫 번째 공식 기록이었다. 그 뒤로 새로운 기록이 잇따라 작성되었고, 낡은 비둘기장에서는 아녹스를 주인공으로 한 몇 가지 흥미로운 일들이 일어났다.

어느 날 마차 한 대가 마구간에 멈추더니, 백발 신사가 마차에서 내려 지저분한 계단을 올라와서는, 오전 내내 빌리와 함께 비둘기장에 앉아 있었다. 처음에는 금테 안경을 끼고 갖가지 신문을 읽던 그 신사는 이내 건너편 지붕들을 바라보며 뭔가를 기다렸다. 65킬로미터쯤 떨어진 시골에서 어떤 소식이 오기로 되어 있었던 것이다. 그 소식은 백발 신사에게 더없이 중요한 것으로 그를 성공으로 이끌 수도 있고 빈털터리로 만들 수도 있었는데, 아무튼 전보보다 빨리 도착해야 했다. 전보를 이용하자면 신호를 보내고 그 신호를 다시 말로 푸는 데 각각 한 시간씩 더 걸렸다. 그렇다면 65킬로미터나 떨어진 곳에 좀 더 빨리 소식을 전할 방법은 무엇일까? 이 당시에는 딱 하나, 훌륭한 전서구밖에 없었다.

소식을 빨리 받을 수만 있다면 돈은 아무것도 아니었다. 그 노인은 돈이 얼마나 들든 최고의 전서구를 빌리기로 했고, 그래서 날개에 지워지지 않는 기록이 일곱 개나 새겨진 아녹스가 뽑혔다. 한 시간이 지나고 또 한 시간이 지나 세 시간째로 접어들 무렵, 파닥거리는 날갯짓 소리와 함께 파란색 별똥별이 비둘기장 안으로 휙 날아들었다.

빌리는 얼른 비둘기장 문을 닫고 아녹스를 붙잡았다. 그리고는 솜씨 좋게 실을 끊고 돌돌 말린 편지를 은행가에게 건넸다.

노신사는 새파랗게 질린 얼굴로 더듬더듬 종이를 펴더니, 다음 순간 얼굴이 화악 밝아졌다.

"하느님, 감사합니다!"

노신사는 숨 가쁘게 말하고는, 자신의 운명을 손에 쥐고 있는 이사회 모임에 급히 달려갔다. 아녹스가 그 노신사를 구해 준 것이다.

은행가는 아녹스를 사겠다고 했다. 막연하게나마 아녹스를 아껴 주고 존경심을 나타내고 싶었던 것이다. 하지만 빌리는 딱 잘라 대답했다.

"그래 봤자 소용없습니다. 전서구의 마음은 결코 돈으로 살 수 없어요. 선생님은 아녹스를 죄수처럼 가두어 놓을 순 있겠죠. 하지만 전서구는 그 무엇을 준대도 자기가 태어난 비둘기장을 떠나지 않습니다."

이렇게 해서 아녹스는 웨스트 19번가 211번지에 계속 머물렀다. 하지만 은행가는 그때의 은혜를 잊지 않았다.

어떤 사람들은 날아가는 비둘기를 보면 집에서 멀리 떨어졌을 거라고 보고 잡아도 상관없다고 생각하거나, 누가 쏘았는지 알아내기 힘들다는 이유로 거리낌 없이 총을 쏘기도 한다. 생사가 걸린 소식을 싣고 급히 날아가던 수많은 훌륭한 전서구들이 그 철면피들의 총에 맞아 무참히도 비둘기 파이가 되어 버렸다.

아녹스의 형제인 아놀프는 훌륭한 기록을 세 개나 갖고 있었지만, 급히 의사를 부르러 가다가 그렇게 죽음을 맞았다. 사냥꾼의 발치에 쓰러져 죽어 가는 순간, 아놀프의 멋진 날개가 쫙 펴지며 승리의 기록들이 드러났다.

총을 쏜 사내는 아놀프의 다리에 걸린 은빛 고리를 보고 양심의 가책을 느꼈다. 그는 아놀프가 간직하고 있던 소식을 대신 전했다. 그러고는 자기가 '발견'했다면서 죽은 아놀프를 전서구 협회에 돌려주었다.

아놀프의 주인이 그를 만나러 와서 엄하게 추궁했다. 그러자 그는 울음을 터뜨리며 그 전서구를 쏜 것은 어쩔 수 없었다고, 가난하고 병든 이웃이 비둘기 파이를 몹시 먹고 싶어 해서 그랬다고 고백했다.

비둘기 주인은 눈물을 흘리며 분노를 삼켰다.

"우리 아놀프는 중요한 소식을 스무 번이나 전했고, 기록을 세 번이나 세웠고, 두 번이나 사람의 목숨을 구했소. 그런데 당신은 기껏 파이를 만들려고 우리 아놀프를 쏘았단 말이오? 당신을 법으로 처벌할 수도 있지만 그따위 치사한 방법으로 보복하지는 않겠소. 다만 이것 하나는 요구해야겠소. 만약 병든 이웃이 또 비둘기 파이를 먹고 싶어 하거든 나한테 오시오. 파이로 쓸 비둘기 새끼들을 아낌없이 내줄 테니까. 당신이 눈곱만큼이라도 당신 인격을 생각한다면, 값으로 따질 수 없는 이 훌륭한 비둘기들을 다시는 쏘지 마시오. 다른 사람들도 쏘지 못하게 말리고."

이 사건은 그 은행가가 비둘기장과 인연을 맺고 있을 때 일어났다. 비둘기를 사랑하게 된 그 은행가는 영향력을 발휘해 뉴욕주의 중심 도시 올버니에 비둘기 보호법을 만들었다. 물론 이것도 아녹스가 세운 공훈 덕분이었다.

4

빌리는 빅블루(2600C)가 마음에 들지 않았다. 빅블루는 전서구랍시고 여전히 은빛 고리를 차고 있었지만, 빌리가 보기에는 한심하기 짝이 없었다. 일전의 증기선 사건만 보더라도 빅블루는 겁쟁이가 분명했다. 게다가 약한 비둘기들을 못살게 굴기까지 했다.

어느 날 아침 빌리가 비둘기장에 갔더니 소동이 벌어지고 있었다. 큰 비둘기와 작은 비둘기가 엉겨 붙어 바닥을 뒹굴며 싸워 댔다. 사방은 뿌연 먼지로 희뿌옇고, 여기저기 깃털이 어지러이 날리고, 한마디로 난장판이었다.

두 비둘기를 떼어 놓고 보니, 작은 쪽이 아녹스였고 큰 쪽이 빅블루였다. 아녹스도 잘 싸웠지만 빅블루의 상대가 되지는 못했다. 빅블루는 아녹스보다 한 배 반이나 몸집이 컸다.

두 마리가 싸운 이유는 곧 밝혀졌다. 가장 귀족적인 전서구의 혈통을 타고난 예쁘장한 암비둘기 리틀레이디 때문이었다. 빅블루는 원래부터 툭하면 다른 비둘기들을 괴롭혀서 눈총을 받았지만, 이번에 빅블루와 아녹스가 목숨을 걸고 싸우게 된 원인은 리틀레이디였다. 빌리는 빅블루의 모가지를 비틀 권리는 없었지만, 자신이 가장 아끼는 아녹스를 위해 비둘기들 사이에 깊이 끼어들었다.

비둘기들의 짝짓기는 인간과 닮은 점이 많다. 서로 가까이 있어야 한다는 점이 가장 중요하기 때문이다. 얼마 동안 함께 지내게 하면 둘 사이에 자연스레 사랑이 싹튼다. 그래서 빌리는 2주 동안 아녹스와 리틀레이디를 따로 떨어진 비둘기장에 가두어 놓고, 더욱 확실히 하기 위해 빅블루와 어베일러블레이디를 다른 비둘기장에 가두어 놓았다.

결국 빌리의 생각대로 되었다. 리틀레이디는 아녹스에게 항복했고, 어베일러블레이디는 빅블루에게 항복했다. 두 쌍의 비둘기가 보금자리를 꾸몄고, 모든 일이 '그 뒤로 둘은 오래오래 행복하게 살았답니다'로 끝날 것 같았다.

하지만 빅블루는 우람하고 잘생긴 비둘기였다. 녀석이 모이주머니를 부풀리고 으스대며 걸어 다니면 목 주위가 햇살을 받아 무지갯빛으로 빛났는데, 그 모습은 가장 착실한 암컷마저도 마음이 흔들릴 정도였다.

아녹스는 다부지긴 했지만 몸집이 작았고, 반짝거리는 눈을 빼고는 그다지 잘생긴 편이 아니었다. 게다가 빅블루가 기록이 하나도 적혀 있지 않은 날개를 뽐내며 비둘기장 주위를 돌아다니는 시간에 아녹스는 중요한 임무를 맡아서 자주 집을 비웠다.

도덕주의자들은 변함없는 사랑을 이야기할 때면 대개 하등 동물을, 특히 비둘기를 예로 든다. 물론 당연한 일이다. 아, 그러나 안타깝게도 언제나 예외는 있는 법이다. 죄는 인간만 짓는 게 아니다.

아녹스의 짝은 애당초 빅블루에게 홀딱 빠져 있었고, 아녹스가 없는 틈을 타서 기어이 끔찍한 일을 저지르고 말았다.

어느 날 보스턴에서 돌아온 아녹스는 빅블루가 구석 상자와 어베일러블레이디는 물론 자기 집과 아내까지 차지한 것을 보고는 목숨을 걸고 덤벼들었다. 그 광경을 목격한 것은 오직 두 비둘기의 아내들뿐이었는데, 둘은 그저 무심히 지켜보기만 했다.

아녹스는 그 유명한 날개로 힘껏 싸웠지만, 기록이 벌써 스무 개나 찍힌 날개는 무기로서는 별 쓸모가 없었다. 아녹스의 부리와 발은 전서구의 혈통에 걸맞게 조그마했고, 심장은 튼튼했지만 빅블루의 거대한 몸집을 당해 낼 수는 없었다. 아녹스는 점점 불리해졌지만, 아녹스의 아내는 내 알 바 아니라는 듯 무심히 둥지에 앉아 있었다. 때마침 빌리가 나타나지 않았다면 아녹스는 빅블루한테 목숨을 잃었을 것이다. 빌리는 빅블루의 숨통을 끊어 버릴 만큼 화가 났지만, 그 못된 비둘기는 재빨리 달아났다.

며칠 동안 빌리는 아녹스를 정성껏 돌보았다. 그 덕분에 주말쯤 아녹스는 기운을 되찾았고, 열흘 뒤에는 다시 길을 나섰다. 아마도 아녹스는 불성실한 아내를 용서한 모양이었다. 아무 내색도 하지 않고 예전처럼 자기 둥지에서 살았으니까.

그달에 아녹스는 신기록 두 개를 세웠다. 8분 만에 16킬로미터를 날아 소식을 전했고, 보스턴에서 네 시간 만에 돌아온 것이다.

그 모든 여행의 원동력은 집을 향한 아녹스의 뜨거운 사랑이었다. 하지만 아녹스의 마음에서 아내도 한자리를 차지하고 있었다면, 아녹스의 처지는 너무나도 딱했다. 또다시 자기 짝이 빅블루와 바람을 피우는 것을 목격했기 때문이다.

아녹스는 지친 몸으로 빅블루와 결투를 벌였고, 이번에도 빌리가 아니었다면 아녹스는 목숨을 잃었을 것이다. 빌리는 싸우는 새들을 떼어 놓고 빅블루를 비둘기장에 가둔 다음, 어떻게든 빅블루를 없애야겠다고 마음먹었다.

그 무렵 실력이 좋을수록 불리한 조건에서 경주를 하는 전서구 대회가 열렸는데, 시카고에서 뉴욕까지 무려 1,500킬로미터에 이르는 거리를 날아오는 것이었다. 아녹스는 이미 여섯 달 전에 참가 신청이 되어 있었다. 경기에 나오지 않으면 벌금을 물게 되니, 아녹스를 아끼는 사람들은 골치 아픈 가정 문제가 있더라도 아녹스가 반드시 출전해야 한다고 생각했다.

비둘기들은 기차에 실려 시카고까지 가서 실력이 뒤떨어지는 순서대로 먼저 출발했는데, 아녹스는 맨 마지막에 출발했다. 비둘기들은 조금도 머뭇거리지 않고 곧장 날아갔고, 이들 중 서너 마리는 먼저 출발해 똑같이 보이지 않는 길을 따라가고 있던 다른 전서구 무리와 시카고 변두리 지역에서 합류했다.

전서구는 막연히 자신의 방향 감각을 따를 때는 일직선으로 나아가지만, 한 번 왔던 길을 되짚어 갈 때는 기억해 둔 이정표를 따라간다. 대부분 전서구는 콜럼버스와 버펄로를 지나가도록 훈련받았다. 아녹스도 콜럼버스 길을 알고 있었지만, 디트로이트 길도 알고 있었다. 그래서 미시간 호수를 떠나자 디트로이트로 가는 직선 길을 택했다. 그렇게 해서 늦게 출발해서 다른 비둘기들과 벌어진 거리를 상당히 좁힐 수 있었다.

낯익은 탑과 굴뚝들이 솟은 디트로이트, 버펄로, 로체스터가 아녹스의 뒤로 아득히 멀어져 갔고, 시러큐스가 코앞으로 다가왔다. 때는 늦은 오후였다. 아녹스는 12시간 동안 무려 950킬로미터를 날아왔기 때문에 당연히 선두를 달렸다. 하지만 늘 그렇듯이 아녹스는 타는 듯한 갈증을 느꼈다.

아녹스는 도시의 지붕들 위를 미끄러지듯 날다가, 한 비둘기 집을 보고 두세 번 큰 원을 그리며 내려갔다. 그러고는 비둘기들을 따라 들어가, 예전에도 자주 그랬듯이 물통에서 허겁지겁 물을 마셨다. 비둘기장 주인이라면 누구나 물 먹으러 오는 전서구들을 환영한다. 그 비둘기장 주인도 낯선 비둘기를 보았다. 그는 아녹스를 자세히 살펴보려고 살금살금 다가갔다.

그때 그의 비둘기 중 한 마리가 순간적으로 이 낯선 새에게 덤벼들었다. 아녹스는 비둘기들이 으레 그렇듯이 한쪽 날개를 쫙 펼치고 옆으로 비켜서서 싸울 태세를 갖추었다. 그러자 날개에 줄줄이 새겨진 기록들이 드러났다.

비둘기 사육사였던 주인은 아녹스에게 흥미를 느꼈다. 그래서 얼른 끈을 잡아당겨 비둘기장 문을 닫고는 아녹스를 포로로 만들었다.

비둘기장 주인은 아녹스의 날개를 펼쳐 수많은 기록들을 하나하나 읽었다. 그리고 마침내 은빛 고리에 새겨진 아녹스라는 글씨를 보았다. 금빛 고리라도 아깝지 않을, 그 유명한 이름을 본 순간, 주인은 탄성을 질렀다.

"아녹스! 아녹스라고! 네 이름은 익히 들어 봤지, 사랑스러운 비둘기야. 너를 손에 넣다니, 이게 꿈이냐 생시냐!"

주인은 아녹스의 꼬리에서 쪽지를 뜯어 읽어 보았다.

'아녹스는 전서구 대회에 참가하여, 오늘 새벽 4시에 시카고를 떠나 뉴욕에 도착할 예정임.'

"12시간 만에 950킬로미터를 날다니! 이건 정말 신기록이야."

비둘기 도둑은 날개를 퍼덕거리는 아녹스를 푹신한 쿠션이 깔린 우리에 안전하게, 거의 우러러 모시듯이 부드럽게 집어넣었다. 그러고는 이렇게 덧붙였다.

"너를 여기에 가두어 봤자 아무 소용이 없는 줄은 알지만, 너의 후손이라도 얻어서 네 흔적을 간직하고 싶구나."

그렇게 해서 아녹스는 다른 비둘기들과 함께 넓고 편안한 비둘기장에 갇혔다.

비둘기장 주인은 도둑이긴 했지만 전서구를 사랑했다. 그는 아녹스가 편안하고 안전하게 지낼 수 있다면 무슨 일이든 마다하지 않았다. 그는 석 달 동안 아녹스를 데리고 있었다.

처음에는 아녹스도 온종일 철망 우리를 오르락내리락하면서 도망칠 궁리만 했다. 하지만 넉 달이 지나자 아녹스는 도망치는 것을 포기한 것처럼 보였고, 아녹스를 내내 감시하고 있던 간수는 두 번째 계획을 실행에 옮겼다. 아녹스에게 수줍은 비둘기 아가씨를 소개해 준 것이다.

하지만 아무런 반응이 없었다. 아녹스는 비둘기 아가씨

에게 예의도 차리지 않았다. 얼마 뒤 주인은 암컷을 내보냈고, 아녹스는 한 달 동안 혼자 지냈다. 그 뒤로 다른 암컷을 들여보냈지만 결과는 마찬가지였다. 그렇게 1년 동안 아녹스는 여러 암컷을 소개받았다. 하지만 아녹스는 암컷들을 거들떠보지도 않았고 심지어 거칠게 물리치기도 했다. 그리고 때때로 탈출하고 싶은 열망에 사로잡혀 철망을 쏜살같이 오르내리기도 하고 온 힘을 다해 철망에 부딪치기도 했다.

털갈이 철이 찾아와 기록이 새겨진 아녹스의 날개 깃털이 빠지자, 비둘기장 주인은 마치 보물인 양 그것들을 모아 두었고, 새 깃털이 자랄 때마다 기록을 다시 새겨 넣었다.

두 해가 천천히 흘러갔다. 비둘기장 주인은 아녹스를 새로운 비둘기장에 넣고 다른 비둘기 아가씨를 들여보냈다.

우연이었지만 그 비둘기는 집에 남겨 두고 온 불성실한 아내를 닮은 아가씨였다. 아녹스도 그 아가씨에게 관심을 보였다. 주인이 보기에도 이 유명한 비둘기가 그 아가씨한테 조금 관심이 있는 것 같았다. 비둘기 아가씨가 보금자리를 준비하는 것을 똑똑히 보았던 것이다.

　주인은 아녹스와 암컷 비둘기가 짝을 지었다고 굳게 믿고 처음으로 출구를 열어 주었다. 바로 그 순간 아녹스는 자유의 몸이 되었다.

　아녹스가 의심에 차서 서성거렸을까? 머뭇거렸을까?

　아니, 한순간도 망설이지 않았다. 문이 열리자마자 아녹스는 총알같이 튀어 나가 기록이 새겨진 멋진 날개를 활짝 펼쳤다. 그리고 새로 만난 매력적인 아내 생각은 두 번 다시 하지 않고, 그 저주스러운 감옥에서 날아올라 멀리멀리 사라졌다.

5

　우리가 아녹스의 속마음을 들여다볼 방법은 없다. 아녹스의 마음속에 귀향의 기쁨과 사랑이 담겨 있다고 상상하는 것은 착각인지도 모른다. 그러나 이것만은 틀림없다. 이 고귀한 새의 가슴속에서 끊임없이 타오르는 집에 대한 사랑, 위대한 하느님이 씨를 뿌리고 인간이 가꾼 그 사랑은 아무리 강렬하게 표현해도 지나치지 않으며, 아무리 찬미하고 찬송해도 모자란다.

그것을 뭐라고 불러도 상관없다. 인간이 이기적인 목적을 위해 일부러 키운 본능에 불과하다고 해도 좋다. 그 누가 제아무리 따지고 비난한다 해도, 용맹스러운 작은 심장과 날개가 견딜 수 있는 한 결코 사라지지 않을 넘치는 힘 속에 그 사랑은 여전히 존재한다.

집, 집, 즐거운 나의 집! 그 어떤 인간도 아녹스만큼 집을 사랑하진 못했다. 지난날 비둘기장에서 겪은 시련과 슬픔도 집을 사랑하는 마음에 녹아 모두 사라졌다. 창살 안에서 보낸 몇 년도, 새롭게 느낀 사랑도, 죽음의 공포도, 그 힘을 억누를 수 없었다. 아마 아녹스가 노래를 부를 줄 알았다면, 환희에 찬 목소리로 영웅의 노래를 불렀을 것이다. 발판을 박차고 날아올라 그 영광스러운 날개들이 경의를 표할 열망에 이끌려 자유롭게 원을 그리면서. 아녹스는 커다란 청회색 원을 그리며, 수많은 기록이 적힌 하얀 날개가 반짝이는 불꽃처럼 보일 때까지 푸른 하늘 높이 날아올랐다. 집을 향한 사랑에 이끌려, 단 하나의 집과 불성실한 짝을 찾아서. 눈을 감고, 귀를 닫고, 마음을 닫는다고들 한다. 아녹스도 분명 그랬으리라. 아녹스는 더 가까운 기억들, 청

　춘의 절반이나 되는 지난 2년 동안의 삶을 뒤로하고 마음을 닫은 채, 푸른 하늘을 날아갔다. 마치 성자처럼, 내면 깊숙이 가라앉아 그 속에 간직된 길잡이에게 자신을 맡겼다.

　아녹스는 배의 선장이었으며, 뿌리 깊은 본능은 항해사와 지도와 나침반 역할을 맡았다. 나무들 위로 300미터쯤 되는 곳에서 알 수 없는 속삭임이 들려왔다. 아녹스는 화살처럼 빠르게 남남동쪽으로 날아갔다. 아녹스는 양 날개를 하얀 불꽃처럼 깜박거리며 낮은 하늘 속으로 사라졌다. 아녹스를 우러러보던 시러큐스의 비둘기장 주인은 그 뒤로 두 번 다시 아녹스를 볼 수 없었다.

　급행열차가 골짜기를 내려가고 있었다. 아녹스는 멀찌감치 가던 열차를 따라잡더니 헤엄치는 사향뒤쥐를 지나쳐 날아가는 들오리처럼 기차를 앞질렀다. 그러고는 골짜기 높은 곳까지 올라갔다가 소나무들이 산들바람에 흔들리는 셔냉고 언덕 위로 낮게 날아갔다.

　참나무 둥지에서 참매 한 마리가 소리 없이 빙글빙글 돌며 날아왔다. 아녹스를 발견하고 먹잇감으로 삼은 것이다. 아녹스는 왼쪽으로도 오른쪽으로도 돌지 않고, 올라가지도 않았으며, 날갯짓 한 번 멈추지 않았다. 참매가 앞쪽의 협곡에서 기다리고 있었지만, 아녹스는 한창 기운이 넘치는 젊은 사슴이 길목에 숨어 있는 곰을 지나치듯이 눈 깜짝할 사이에 매를 지나쳤다. 집! 아녹스의 머릿속은 온통 집 생각뿐이었고, 그 생각은 맹목적이기까지 했다.

파닥파닥파닥, 아녹스는 속력을 조금도 늦추지 않고 번개처럼 날아갔다. 이윽고 낯익은 길이 나타났다. 한 시간이 지나자 캐츠킬산맥이 손에 닿을 듯 가까워졌고 두 시간 뒤에는 그곳을 지나고 있었다. 낯익은 장소들이 성큼성큼 다가오자 아녹스는 힘이 솟았다.

집! 아녹스의 가슴은 소리 없이 집을 외쳐 댔다. 아녹스는 갈증으로 죽어 가던 여행자가 눈앞에 나타난 야자수를 바라보는 듯한 초롱초롱한 눈으로, 멀리 맨해튼의 연기를 뚫어지게 바라보았다.

캐츠킬산맥 꼭대기에서 매 한 마리가 날아올랐다. 맹금류 중에서 가장 민첩하며 튼튼한 날개와 힘을 자랑하는 매는 괜찮은 먹이를 보고 기뻐했다. 매는 지금까지 수많은 비둘기를 자신의 둥지로 끌고 갔다. 이제 매는 힘을 아끼며 바람을 타고 급강하하면서 적당한 기회를 노렸다.

아, 매는 가장 적당한 순간을 너무도 잘 알고 있었다! 번뜩이는 창처럼 내리꽂히는 매. 어떤 들오리도, 어떤 참매도 매는 피할 수 없다. 비둘기여, 살아남으려면 물러나라. 그 위험한 산을 피해 돌아가라.

과연 돌아갔을까? 천만에! 그 비둘기가 누구던가. 아녹스가 아닌가. 아녹스는 집, 집, 집만을 생각했다! 위험이 다가오자 아녹스는 더욱 빨리 날았을 뿐이다. 드디어 매가 덮쳤다. 무엇을? 순식간에 스쳐 지나가는 하얀 물체를. 매는 허탕을 치고 말았다. 그사이에 아녹스는 새총에서 튕겨 나간 돌멩이처럼 쌩하니 공기를 가르며 눈부시게 새하얀 날개 그림자를 남긴 채, 어느덧 한 점 티끌이 되어 멀리 사라졌다.

그리운 허드슨 골짜기를 내려가면 아녹스가 잘 아는 도로가 나온다. 무려 2년 만에 다시 보는 그 길이! 정오가 되어 북쪽에서 불어오는 산들바람이 아래쪽 강물을 스칠 때, 아녹스는 낮게 날았다. 집! 집! 집! 이제는 도시의 탑들이 눈에 들어왔다. 집! 집! 집! 포킵시의 거대한 철교를 지나 강둑을 스치듯 날아갔다. 바람이 일자, 아녹스는 강둑 옆으로 낮게 날았다. 아, 낮아도 너무 낮았다! 도대체 어떤 악마가 6월에 그 강가 언덕에 숨어 있으라고 사냥꾼을 꼬드겼단 말인가? 어떤 악마가 사냥꾼으로 하여금 파란 하늘에서 북쪽으로 날아가는 하얀 점을 보게 했단 말인가?

아, 아녹스, 나직하게 미끄러지듯 나는 아녹스여. 예전의 사냥꾼들을 잊었는가! 아녹스, 너는 낮게, 너무나 낮게, 언덕을 지나고 있다. 너무 낮고, 너무 늦게! 번쩍이는 빛과 '탕!' 소리와 동시에 죽음의 총알이 아녹스의 몸에 박혔다. 총알은 아녹스에게 큰 상처를 입혔지만, 아녹스를 추락시키지는 못했다.

　기록이 새겨진 깃털들이 반짝이는 날개에서 떨어져 땅으로 하늘하늘 내려앉았다. 지난날 아녹스가 바다에서 세웠던 기록에서 0이 사라졌다. 340킬로미터가 아니라 34킬로미터로 변한 것이다. 아, 안타깝기 그지없는 순간이었다! 가슴이 검붉은 피로 물들었지만, 아녹스는 계속 나아갔다. 집, 집, 집을 향해서.

　위험은 한순간에 지나갔다. 아녹스는 계속 집을 향해 날아갔지만, 속도는 눈에 띄게 줄어들었다. 이제 1분에 1킬로미터도 날아갈 수 없었고, 찢긴 날개 사이로 기묘한 소리를 내며 바람이 지나갔다. 피로 물든 가슴을 보면 힘이 떨어진 것이 분명했지만, 그래도 아녹스는 똑바로 날아갔다. 집, 집이 눈에 보이자, 가슴의 통증도 잊어버렸다. 뉴저지의 높다란 절벽들을 지나갈 때, 시력이 좋은 아녹스의 눈에 삐죽삐죽 솟은 도시의 탑들이 또렷이 들어왔다. 날개는 축 늘어지고 눈앞이 가물거렸지만, 집에 대한 사랑은 더욱 강해졌다.

아녹스는 바람을 막아 주는 높다란 팰리세이즈 절벽 밑의 반짝이는 물과 나무들 위를 지나갔다. 그곳에는 해적들의 성, 바로 거대하고 무시무시한 매들의 둥지가 있었다. 이윽고 검은 복면을 쓴 강도 같은 매들이 비둘기 한 마리가 날아오는 것을 보았다. 아녹스는 예전부터 그 매들을 알고 있었다. 매 둥지 속에는 전달되지 못한 많은 소식들이 뒹굴고 있었고, 기록이 새겨진 수많은 깃털이 날아다녔다.

아녹스는 예전에 그랬던 것처럼 이번에도 쏜살같이 날아갔다. 하지만 속도가 예전 같지 않았다. 치명적인 총알에 힘을 빼앗긴 아녹스는 점점 속도가 떨어졌다. 그래도 아녹스는 계속 나아갔고, 기회를 노리던 매 두 마리가 화살촉처럼 날쌔게 달려들었다. 상처 입고 지친 비둘기 한 마리를 향해 번개처럼 빠르고 힘차게.

아녹스와 매들의 경주를 이야기한들 무엇 하겠는가? 작지만 용감한 새가 그토록 그리워하던 집을 눈앞에 두고 좌절하는 모습을 그린들 무엇 하겠는가? 모든 것은 1분 만에 끝이 났다. 매들은 의기양양하게 꺅꺅거리며 비둘기 사체

숨어서 기다리고 있는 해적들.

를 거머쥐고 둥지로 돌아갔다. 그것이 영웅 아녹스의 마지막 모습이었다. 해적들은 바위에 앉아 영웅의 피로 부리와 발톱을 붉게 물들였다. 그 누구도 따라잡지 못했던 날개들은 갈가리 찢겼고, 기록이 적힌 깃털들은 아무렇게나 뿔뿔이 흩어졌다. 그리고 살해자들이 죽고 요새가 약탈당할 때까지 비바람과 햇볕 속에서 뒹굴었다.

훗날 먼지와 쓰레기가 쌓여 있는 둥지 깊숙한 곳에서 은빛 고리들이 발견되기 전까지는 아무도 아녹스의 운명을 알지 못했다. 훌륭한 전서구의 상징인 신성한 은빛 고리들 중에 '아녹스 2590C'라고 뚜렷이 새겨진 고리가 있었던 것이다.

The Winnipeg Wolf
소년을 사랑한 늑대

1

 내가 위니펙의 늑대를 처음 본 것은 1882년 엄청난 폭설이 내릴 때였다. 그때 나는 3월 중순에 세인트폴을 떠나 초원을 가로질러 위니펙으로 가는 길이었다. 꼬박 하루면 도착할 수 있는 거리였지만, 폭풍 대왕은 우리를 곱게 보내 줄 생각이 없었는지 거센 동풍을 보내 눈을 퍼부었다. 한 시간이고 두 시간이고 쉴 새 없이 세찬 눈이 쏟아졌다.

 그렇게 심한 눈보라는 처음이었다. 온 세상이 눈에 파묻혀 아무것도 보이지 않았다. 보이는 것은 오로지 하얀 눈, 눈, 눈, 뼛속까지 파고드는 찬 바람을 타고 몰아치는 눈보라뿐이었다. 깃털처럼 나부끼는 티 없이 깨끗한 작은 수정들의 명령에는 증기를 씩씩 뿜는 거대한 기차조차 멈추어 서야 했다.

 한 시간 후, 삽을 든 건장한 사내들이 앞을 가로막은 눈

　더미를 치운 뒤에야 기차는 다시 출발할 수 있었다. 그러나 얼마 안 가서 또 다른 눈 더미에 꼼짝없이 갇혔다. 눈 치우는 일은 힘겹고 고달팠다. 밤낮없이 눈을 치웠지만, 막상 빠져나오면 눈보라가 여전히 장난치듯 소용돌이쳤다.

　차장은 '22시간 뒤에는 에머슨에 도착할 것'이라고 했지만, 눈을 치우면서 오느라 에머슨에 도착하는 데만 거의 2주일이 걸렸다. 기차가 미루나무가 보이는 시골로 나오면서는 덤불숲이 기찻길에 쌓이는 눈을 막아 주었다. 그때부터 기차는 갈수록 울창해지는 미루나무 숲을 따라 거침없이 달려갔다. 기차가 빽빽한 숲을 오랫동안 달려 위니펙 동쪽 변두리에 있는 세인트보니페이스에 가까워질 무렵, 너비가 50미터쯤 되는 작은 빈터가 나타났다. 그리고 그 빈터 한복판에서 내 영혼을 뒤흔드는 광경을 보게 되었다.

그곳에는 개들이 엄청나게 모여 있었다. 큰 개, 작은 개, 검은 개, 하얀 개, 누런 개 들이 뭔가를 둥그렇게 둘러싸고 이쪽저쪽으로 정신없이 오가며 겅중대는 모습이 똑똑히 보였다. 눈밭 한쪽에는 작고 누런 개가 몸을 쭉 뻗고 가만히 누워 있었다. 또 원 바깥쪽에서는 다른 개들을 헤치고 앞으로 나갈 생각은 없어 보이는 덩치 큰 검은 개가 컹컹 짖으며 펄쩍펄쩍 뛰고 있었다. 그리고 그 원 한복판에 이 소동의 중심이자 원인이 있었다. 바로 거대하고 무시무시한 늑대였다.

늑대라고? 아니, 그놈은 마치 사자 같았다. 놈은 꿋꿋하고 침착하게 홀로 서 있었다. 놈은 목털을 곤두세우고 네 다리로 굳건히 선 채 어느 쪽으로든 공격할 수 있는 태세를 갖추고 이쪽저쪽을 주의 깊게 살폈다. 그리고 마치 개들을 비웃듯이 한쪽 입가를 약간 추켜올리고 으르렁거렸는데, 사실은 싸우겠다는 의사 표시였던 것 같다.

마침내 별로 지도자 자질이 없는 듯한 늑대같이 생긴 개가 달려들자, 다른 개들도 우르르 달려들었다. 필시 스무 번째 공격쯤 될 것 같았다. 하지만 그 거대한 잿빛 짐승은 이리저리 뛰어다니며 그 무시무시한 턱으로 달려드는 개들을 닥치는 대로 물어뜯었다. 외로운 전사는 그 어떤 소리도 내지 않았다. 하지만 적들은 너도나도 죽음의 비명을 내

수십 마리의 개에게 둘러싸인 것은 바로 거대한 늑대였다.

질렀고, 성한 개들은 뒤로 펄쩍 물러나 도망쳤다. 야성적인 늑대는 털끝 하나 다치지 않았을 뿐 아니라 모든 개들을 경멸하며 조각상처럼 우아하게 서 있었다.

나는 지금까지 수없이 그랬던 것처럼 다시 기차가 눈 더미에 갇히기를 간절히 바랐다. 잿빛 늑대한테 한눈에 반한 것이다. 마음은 달려가 늑대를 돕고 싶었지만, 눈이 두껍게 쌓인 빈터를 지나치자 미루나무들에 가려 더 이상 늑대를 볼 수 없었다. 기차는 목적지를 향해 계속 달렸다.

내가 본 것은 그게 다였고, 나는 너무나 아쉬웠다. 하지만 얼마 안 있어 나는 훤한 대낮에 위니펙의 늑대라는 희귀하고 멋진 짐승을 본 것이 대단한 행운이었다는 것을 분명히 깨달았다.

위니펙의 늑대는 참으로 특이한 늑대였다. 시골보다 읍내를 좋아하고, 양은 묵묵히 지나치지만 개는 반드시 죽여 버리며, 늘 혼자서 사냥을 하는 늑대였다.

어떤 이들은 그 늑대를 루가루*라고도 불렀다. 이렇게 말하면 위니펙 사람들이 그 늑대를 잘 알고 있는 것처럼 들리겠지만, 사실 읍내 사람 대부분은 그런 늑대가 있다는 사실조차 몰랐다. 읍내 중심가의 깔끔한 상점 주인은 위니펙의

---

* 프랑스어로 '늑대 인간'이라는 뜻이다.

늑대가 도살장에서 죽고 나서야 읍내에 늑대가 있었다는 사실을 알았을 정도였다. 늑대의 거대한 사체는 하인 박제 제작소로 옮겨져 박제가 되었고, 이 박제는 시카고 세계 박람회에 전시되기도 했다. 아, 그러나 그 늑대 박제는 안타깝게도 1896년 멀비 학교*에 불이 났을 때 학교 건물과 함께 잿더미가 되고 말았다.

2

폴 드로슈는 백인과 인디언 사이에서 태어난 혼혈로, 잘 생기긴 했지만 일보다는 사냥을 더 좋아하는 건달이었다. 1880년 6월 어느 날, 폴은 총을 들고 킬도넌 근처의 나무가 우거진 레드강 기슭을 따라 걷고 있었다. 그러다가 강기슭에 있는 굴에서 늑대가 나오는 것을 우연히 보고 총을 쏘아 늑대를 죽였다.

폴은 개를 먼저 보내서 근처에 다른 큰 늑대가 없는지 확인하고는 늑대 굴로 기어들어 갔다. 굴 안에는 새끼 늑대가 여덟 마리나 있었다. 폴은 춤을 추고 싶을 만큼 기뻤다. 늑

---

* 1884년에 개교한 위니펙의 초등학교. 당시 학교 건물 맨 위층이 박물관으로 쓰였다.

대 한 마리에 현상금이 10달러나 걸려 있었던 것이다. 그러면 이게 다 얼마야? 한몫 두둑이 잡을 수 있었다.

폴은 막대기로 열심히 굴을 파헤쳤고, 누런 개의 도움으로 한 마리만 빼놓고 새끼들을 죄다 죽였다. 한배 새끼들 중 막내를 죽이면 재수가 없다는 미신 때문이었다. 그래서 폴은 어미 늑대와 새끼 늑대 일곱 마리의 머리 가죽과 살아남은 새끼 늑대를 데리고 마을로 돌아왔다.

살아남은 새끼 늑대는 늑대 머리를 돈으로 바꾸어 주는 술집 주인이 차지했다. 새끼 늑대는 사슬에 묶여 자랐지만, 읍내의 어떤 사냥개보다도 다부진 가슴과 턱을 갖게 되었다. 새끼 늑대는 마당에 묶여 있었다. 개들이 새끼 늑대를 물어뜯는 광경을 손님들이 즐겼기 때문이다.

새끼 늑대는 무자비하게 물어뜯겨 몇 번이나 죽을 고비를 넘겼다. 하지만 그때마다 건강을 회복했고, 시간이 갈수록 새끼 늑대한테 덤벼드는 개들이 점점 줄어들었다. 하지만 새끼 늑대의 삶은 이루 말할 수 없이 고달팠다. 삭막한 삶이었지만 그나마 새끼 늑대의 가슴을 훈훈하게 녹여 주는 것이 하나 있었다. 바로 술집 주인의 아들 지미와의 우정이었다.

　지미는 뭐든 제멋대로 하는 고집쟁이 꼬마였다. 지미는 늑대가 자기를 물었던 개를 죽인 날부터 늑대가 좋아졌다. 그래서 날마다 먹을 것을 가져다주며 귀여워했고, 늑대도 거기에 보답하는 듯했다. 아무도 자기한테 함부로 굴지 못하게 하면서도 지미만은 아무리 버릇없게 굴어도 잠자코 참고 있었으니까 말이다.

　지미의 아버지는 모범적인 아버지가 아니었다. 그는 아들의 응석을 다 받아 주었지만, 이따금 화가 나면 사소한 일로도 아들을 사정없이 두들겨 팼다. 지미는 아버지가 홧김에 때린다는 사실을 이내 깨달았다. 그래서 아버지가 화를 낼 때면 어딘가에 피해 있곤 했다.

　어느 날 또 아버지가 쫓아오자, 지미는 안전한 곳을 찾다가 늑대 집으로 쏙 들어갔다. 그러자 느닷없이 잠에서 깨어난 지미의 잿빛 친구는 문 쪽으로 돌아서서 상앗빛 이빨을

드러내고 지미의 아버지에게 분명하게 경고했다.

"지미를 건드리지 마."

지미의 아버지 호건은 그때 늑대를 쏠 수도 있었지만 혹시 아들이 다칠까 봐 꾹 참았고, 30분이 지나자 다 지난 일이라며 껄껄 웃어 댔다. 그 뒤로 지미는 위험할 때마다 늑대 집을 찾았다. 지미가 늑대 집으로 슬그머니 숨어드는 것은 또 어디서 장난을 쳤다는 증거였다.

호건의 첫 번째 원칙은 싼값에 사람을 쓰는 것이었다. 그래서 중국 사람을 데려다 자기네 술집에서 부려 먹었다. 그런데 건달 폴이 수줍음 많고 마음씨 고운 그 중국인을 걸핏하면 괴롭혔다.

어느 날 호건이 외출하고 중국인 혼자서 가게를 보고 있을 때였다. 폴은 이미 꽤 취했으면서도 또 외상술을 달라고 억지를 부렸다. 우직한 중국인은 외상은 절대로 안 된다면

서 "돈 없으면 재미없어." 하고 딱 잘라 말했다. 그렇다고 골칫거리가 해결된 것은 아니었다. 폴은 그런 모욕을 당하고는 참을 수 없어서 중국인한테 비틀비틀 다가갔다.

하마터면 중국인이 흠씬 두들겨 맞을 뻔했지만, 마침 옆에 있던 지미가 긴 막대기로 건달의 다리를 슬쩍 걸어 넘어뜨렸다. 폴은 지미를 죽여 버리겠다고 욕설을 퍼부으며 비틀비틀 일어섰다. 하지만 지미는 뒷문 쪽에 있었기 때문에 잽싸게 늑대 집으로 피했다.

늑대가 소년을 감싸 주는 것을 보고, 폴은 기다란 몽둥이를 가져와 멀찍이 떨어진 곳에서 늑대한테 휘둘렀다. 잿빛 짐승은 사슬에 묶인 채 분노했다. 늑대는 몽둥이를 이빨로 물어서 잔인한 매질을 피했지만 너무나 고통스러웠다. 폴은 지미가 자기한테 쉴 새 없이 욕을 퍼부으면서 초조하고 서툰 손놀림으로 사슬을 풀고 있다는 사실을 알았다. 이제 곧 늑대가 풀려날 터였다. 분에 못 이긴 늑대가 사슬을 자꾸 잡아당기지만 않았어도 진작 풀렸을 것이다.

여태껏 자기가 못살게 굴던 늑대가 풀려난다고 생각하니, 배짱이 두둑한 폴도 등줄기가 오싹했다.

그때 지미가 늑대에게 말하는 소리가 들렸다.

"자, 가만있어. 조금만 뒤로 물러나 봐. 그러면 저놈을 잡을 수 있어. 콱 물어 버려. 착하지, 우리 울피."

그만하면 충분했다. 건달은 걸음아 날 살려라 도망쳤고, 문이란 문은 죄다 닫고 꼭꼭 숨었다.

그렇게 지미와 늑대의 우정은 깊어만 갔다. 그리고 늑대는 타고난 본성이 드러날수록 그동안 자기를 괴롭혔던 술 냄새 풍기는 남자들과 개들만 보면 무섭게 달려들곤 했다. 그 독특한 성격은 지미를 사랑하는 마음(거기에는 모든 아이들이 포함되어 있는 듯했다.)과 어우러져 점점 굳어졌고, 이윽고 이 늑대의 삶을 지배하게 되었다.

3

그 무렵인 1881년 가을, 콰펠 지역의 목장 주인들은 늑대가 불어나는 바람에 가축들을 너무 많이 잃었다고 아우성을 쳤다. 독약과 덫은 아무 소용이 없었다. 그래서 유명한 독일인 사냥꾼이 위니펙의 술집에 나타나 그 지역 늑대들의 씨를 말릴 수 있는 개들을 데리고 왔다고 큰소리치자, 다들 귀가 번쩍 뜨였다. 사냥을 좋아하는 목장 일꾼들은 늑대 사냥개를 키우면 목장에도 도움이 된다는 이야기에 귀가 솔깃했다.

독일인은 당장 자기 개 두 마리를 보여 주었다. 둘 다 몸집이 큰 그레이트데인 종이었다. 한 마리는 하얗고, 다른 한 마리는 청회색 바탕에 까만 반점들이 있는 데다 특이하게 한쪽 눈동자가 허예서 더욱 사나워 보였다. 이 거대한 개들은 몸무게가 90킬로그램에 가까웠고 호랑이처럼 탄탄

한 근육을 자랑했다. 그래서 독일인이 이런 개 두 마리만 있으면 제아무리 큰 늑대도 잡을 수 있다고 떠벌리자, 다들 순순히 믿었다.

독일인은 개들이 늑대를 어떻게 사냥하는지 설명했다.

"여러분은 이 개들에게 늑대의 냄새만 맡게 하면 됩니다. 이 녀석들은 하루가 지난 냄새도 놓치지 않죠. 늑대는 우리 개들을 절대로 따돌리지 못해요. 늑대가 왔던 길을 되짚어 가고 어디론가 숨어도 금방 찾아내고 말아요. 이 개들은 늑대를 찾아내서 포위합니다. 늑대가 꽁무니를 빼려고 돌아서는 순간, 청회색 개가 늑대의 엉덩이를 물어서 이렇게 내던지죠."

그러면서 롤빵 하나를 공중으로 휙 던졌다.

"그리고 늑대가 바닥에 떨어지기도 전에 하얀 개가 늑대의 머리를 물고, 다른 놈이 늑대의 꼬리를 물어서는 이렇게 찢어 버리지요."

듣고 보니 정말 그럴듯했다. 아무튼 사람들은 개를 시험해 보고 싶어서 안달이 났다. 아시니보인강에 가면 늑대가 자주 나타난다고 누군가가 말하자, 곧바로 사냥 팀이 조직되었다. 하지만 사흘을 찾아다녀도 허탕만 쳐서 포기하려고 했을 때, 누군가 호건의 술집에 늑대가 있으니까 돈을 주면 살 수 있을 거라고 했다. 그리고 그 늑대는 이제 겨우

한 살배기지만 개들이 실력을 뽐내기에는 충분할 거라는 말도 덧붙였다.

호건은 자세한 사정을 듣고는 값을 더 불렀다. "양심의 가책이 느껴진다."라면서 말이다. 하지만 부르는 대로 돈을 주겠다고 하자, 양심의 가책도 씻은 듯이 사라졌다.

호건은 지미가 방해하지 못하도록 미리 손을 썼다. 지미를 할머니 집으로 심부름을 보낸 것이다. 그러고는 늑대를 제 집에 몰아넣고 못질을 했다. 이리하여 늑대는 마차에 실려 포티지 길을 따라 탁 트인 초원으로 나갔다.

개들은 늑대 냄새를 맡자마자 흥분해서 미친 듯이 날뛰었다. 하지만 힘센 남자 서너 명이 목줄을 단단히 붙잡고 있었다. 마차가 800미터쯤 더 달려갔다. 그러고 나서 사람들은 어렵사리 늑대를 풀어 주었다. 처음에 늑대는 겁을 먹었는지 자꾸 숨으려고만 할 뿐 공격할 낌새는 눈곱만큼도 보이지 않았다. 하지만 '싯싯', '우우' 하는 조롱과 외침 속에서 자신이 자유의 몸이 된 것을 깨닫고 지형이 험한 남쪽으로 타박타박 뛰어갔다. 그 순간 풀려난 개들이 사납게 짖어 대며 어린 늑대를 쫓아갔다. 사람들은 요란하게 환호성을 지르며 말을 타고 따라갔다.

애당초 늑대는 살아날 가망이 없었다. 개들은 늑대보다 훨씬 더 날렵했다. 하얀 개는 그레이하운드처럼 날쌔게 달렸다. 그 개가 나는 듯이 초원을 가로지르며 성큼성큼 늑대를 따라잡자, 독일인은 신이 났다.

다들 개들한테만 돈을 걸려고 했지 늑대한테 돈을 걸려고 하지는 않았다. 결국 사람들은 어떤 개가 늑대를 죽이냐를 두고 내기를 했다. 어린 늑대는 속력을 내어 달렸으나, 800미터도 못 가서 하얀 개한테 바짝 쫓겼다. 거리가 점점 가까워졌다.

독일인이 소리쳤다.

"이제 우리 개가 늑대를 공중으로 던져 올리는 걸 구경합시다."

한 순간 두 짐승이 한데 엉켰다가 서로 퉁기듯이 물러났다. 어느 쪽도 공중으로 던져지지 않았다. 하지만 하얀 개는 어깨에 상처를 입고 나뒹굴었다. 죽지는 않았지만, 싸움을 계속할 수는 없었다.

10초 뒤에 청회색 점박이 개가 이빨을 있는 대로 드러내고 달려들었다. 이번에도 아까처럼 순식간에 승부가 나는 바람에 누가 누구를 물었는지도 알 수 없었다. 애당초 두 마리가 서로 맞붙기나 했는지 의심스러울 정도였다. 다만 잿빛 늑대가 옆으로 껑충 뛰어오르며 번개처럼 재빨리 머리를 움직였고, 다음 순간 청회색 점박이 개가 옆구리에 피를 흘리며 비틀거렸다. 사람들이 부추기자 개는 다시 늑대를 공격했지만 또다시 부상을 당하고 물러났다.

이윽고 술집 주인이 거대한 개를 네 마리나 끌고 왔다. 사람들은 개를 풀어 주었고, 몽둥이와 올가미를 든 남자들도 개들을 돕기 위해 늑대를 에워쌌다. 바로 그때 작은 소년이 조랑말을 타고 들판을 달려왔다. 지미는 말에서 내리자마자 사람들 틈을 비집고 들어가 늑대를 얼싸안았다. 지미는 늑대를 '귀염둥이 울피', '사랑스러운 울피'라고 불렀고, 늑대도 지미의 얼굴을 핥으면서 꼬리를 흔들었다. 이윽고 지미가 자기를 빙 둘러싼 사냥꾼들 쪽으로 돌아서더니, 눈물을 펑펑 흘리며 차마 입에 담기 힘든 욕설을 퍼부었다. 소년은 겨우 아홉 살이었지만, 되바라졌을 뿐 아니라 온갖 욕지거리를 다 알고 있었다. 아버지의 싸구려 술집에서 상스러운 말을 수없이 주워들은 탓이었다. 지미는 그 자리에 있

지미가 사랑하는 늑대.

는 모든 사람을 하나하나 욕하고도 모자라 그 사람들의 조상들까지 싸잡아 욕했다. 아버지인 호건도 그 비난을 피할 수는 없었다.

만약 어른이 그렇게 지독하고 모욕적인 욕설을 퍼부었다면 몰매를 맞고도 남았을 것이다. 하지만 코흘리개 입에서 나오는 데야 어쩌랴. 사냥꾼들은 한동안 허둥대다가 결국 최선의 방법을 택했다. 허허허 하고 웃어넘긴 것이다. 겸연쩍어서 웃는 것은 아니었다. 그러면 체면이 서지 않을 테니까. 그 웃음은 자기 개들을 입에 침이 마르도록 자랑했다가 어린 늑대한테 톡톡히 망신당한 독일인에게 보내는 비웃음이었다.

지미는 눈물과 땟국으로 얼룩진 고사리 주먹을 주머니에 푹 찔러 넣었다. 주머니 속에는 어린애들이 좋아하는 구슬과 껌을 비롯하여 담배와 성냥과 권총 탄약통과 같은 위험한 물건도 잔뜩 들어 있었다. 지미는 식료품점에서 쓰는 가느다란 끈을 꺼내어 늑대의 목에 둘렀다. 그리고는 여전히 눈물을 줄줄 흘리면서 조랑말에 올라타더니 늑대를 데리고 집으로 돌아갔다. 그리고 마지막으로 독일 신사에게 위협과 저주를 퍼부었다.

"우리 울피한테 콱 물어뜯으라고 할까 보다, 이 빌어먹을 놈아."

4

 그해 초겨울에 지미는 열병으로 앓아누웠다. 마당에 있던 늑대는 어린 친구가 그리워서 구슬프게 울어 댔다. 그러다 결국 소년의 뜻에 따라 방으로 들어가자, 이 거대한 야생 개는 잠시도 자리를 뜨지 않고 친구의 침대맡을 지켰다.
 처음에 지미의 병은 별것 아닌 것 같았지만 다들 깜짝 놀랄 정도로 갑자기 악화되었다. 결국 지미는 크리스마스를 사흘 앞두고 세상을 떠났다.
 '울피'는 누구보다도 지미의 죽음을 가슴 깊이 슬퍼했다. 덩치 큰 잿빛 짐승은 크리스마스 전날에 세인트보니페이스에 있는 묘지까지 장례 행렬을 따라가서는, 성당의 종소리

에 대답하듯 처절하게 울부짖었다. 늑대는 곧 술집 뒤편에 있는 자기 집으로 돌아왔지만, 사람들이 다시 자기를 사슬에 묶으려고 하자 판자 울타리를 뛰어넘어 어디론가 사라져 버렸다.

그해 겨울, 덫사냥꾼 르노 영감이 인디언 여자와의 사이에서 난 예쁜 딸 니네트와 함께 강기슭에 있는 작은 통나무집으로 이사를 왔다. 르노 영감은 지미에 대해서는 아무것도 몰랐지만, 세인트보니페이스와 포트개리를 끼고 흐르는 강가 양쪽에서 늑대 발자국을 발견하고도 전혀 놀라지 않았다.

허드슨베이 회사 사람들이 그 근처에 커다란 늑대가 살고 있다고 하자, 르노 영감은 미심쩍어하면서도 귀 기울여 들었다. 사람들 말에 따르면, 그 늑대는 밤에 읍내까지 들어올 뿐 아니라 특히 세인트보니페이스 성당 주위의 숲을 몹시 좋아한다고 했다.

이듬해 크리스마스 전날, 지미의 장례식 때처럼 성당의 종이 울리자, 숲속에서 쓸쓸하고 구슬픈 늑대 울음소리가 들렸다. 그제야 르노 영감은 허드슨베이사 사람들의 이야기가 사실이라는 것을 알았다.

영감은 늑대의 울음소리를 알고 있었다. 늑대의 울음소리에는 도움을 청하는 소리, 사랑의 노랫소리, 외로워서 울

부짖는 소리, 적과 맞서 싸울 때 내는 소리 등이 있다. 방금 들은 울음소리는 외로움에 찬 울부짖음이었다.

르노 영감은 강가에 가서 늑대 울음에 화답하는 소리를 냈다. 그러자 건너편 숲에서 웬 검은 그림자가 나타나 얼어붙은 강을 건너더니, 통나무 위에 꼼짝 않고 앉아 있는 르노 영감에게 다가왔다. 늑대는 눈빛을 번뜩이며 르노 영감의 주위를 맴돌면서 냄새를 맡았다. 그러다가 화난 개처럼 으르렁거리더니 깜깜한 어둠 속으로 다시 사라졌다.

그렇게 해서 르노 영감은 그 늑대를 알게 되었고, 머지않아 더 많은 사람들이 읍내에 거대한 늑대가 산다는 사실을 알게 되었다. 그 늑대는 호건의 술집에 묶여 있던 늑대보다 세 배는 더 컸다. 그 늑대는 걸핏하면 개를 죽였기 때문에 읍내의 개들은 공포에 떨었다. 늑대가 술에 취한 인디언 혼혈을 여럿 잡아먹었다는 뜬소문도 나돌았다.

그 늑대는 내가 위니펙의 겨울 숲에서 본 바로 그 늑대였다. 처음 본 순간에는 그 늑대가 많은 개들을 상대로 이길 가망이 없다고 생각해서 어떻게든 늑대를 도와주고 싶었다. 하지만 늑대가 싸우는 모습을 보고는 마음을 바꾸었다. 나는 그 싸움이 어떻게 끝났는지 모른다. 하지만 늑대는 그 뒤로도 여러 번 나타났고, 그 자리에 있던 개들 중 몇 마리는 두 번 다시 볼 수 없었다.

그렇게 위니펙의 늑대는 여느 늑대와는 전혀 다른 기이한 삶을 살았다. 살기 좋은 숲과 들판을 마다하고 위험이 득실거리는 읍내에서 살았으니까 말이다. 그 늑대는 일주일에 한 번꼴로 사람들한테 잡힐 뻔하다가 가까스로 도망쳤고, 날이면 날마다 위험과 맞닥뜨렸다. 기껏해야 사람들이 오가는 나무다리 밑에 숨어서 이따금 한숨을 돌리는 게 고작인 날들이 이어졌다.

남자들을 미워하고 개들을 경멸하는 그 늑대는 늘 힘겹게 싸우며 살아갔다. 떼거리로 달려드는 개들은 막다른 골목으로 몰아넣고, 개의 수가 적거나 한 마리뿐일 때는 가차

없이 죽여 버렸다. 늑대는 술 취한 남자들을 괴롭혔지만, 총을 든 사람들은 용케 피해 다녔다. 그리고 덫과 독약의 무서움을 알고 조심할 줄도 알았다. 어떻게 배웠는지는 알 수 없다. 하지만 늑대는 덫이나 독약을 몇 번이나 피했고, 때로는 거기에다 비웃음의 표시를 남겨 두기도 했다.

그 늑대는 위니펙 거리를 속속들이 알고 있었다. 위니펙의 경찰이라면 누구나 한 번쯤은 으스름한 새벽빛을 뚫고 번개처럼 지나가는 거무스름한 늑대를 본 적이 있었다. 위니펙의 모든 개들은 바람결에 실려 오는 냄새로 늑대가 근처에 웅크리고 있다는 것을 알아차리면 털을 곤두세우며 두려움에 떨었다.

늑대는 오직 싸움밖에 몰랐고, 온 세상을 적으로 돌렸다. 하지만 뜬소문으로 얼룩진 이 무시무시한 늑대 이야기에도 흐뭇한 대목이 없지는 않았다. 위니펙의 늑대가 어린아이를 해친 적은 한 번도 없다는 것이다.

5

니네트는 제 엄마처럼 황량한 땅에서 태어난 아름다운 소녀로, 프랑스 노르망디 출신인 아버지를 닮아 눈동자가 잿빛이었다. 이제 열여섯 살인 이 상냥한 소녀는 또래들 중에서 가장 아름다웠다. 니네트는 그 지역에서 가장 돈 많고 착실한 젊은이와 결혼할 수도 있었을 것이다. 하지만 여자의 마음은 제멋대로인 법이라, 니네트는 별 볼 일 없는 건달인 폴 드로슈에게 마음을 빼앗겼다.

폴은 잘생기고 춤도 잘 추고 바이올린 솜씨도 훌륭했기 때문에 축제마다 불려 다녔다. 하지만 알고 보면 무능력한 술꾼인 데다 로어캐나다에 아내가 있다는 소문까지 떠돌았다. 니네트의 아버지인 르노 영감은 폴이 청혼하러 오자 당연히 퇴짜를 놓았지만, 영영 쫓아 버리지는 못했다. 언제나 아버지 말에 고분고분 따르던 니네트가 폴과는 절대로 헤어지려 하지 않았기 때문이다.

아버지가 폴을 매몰차게 쫓아낸 바로 다음 날, 니네트는 강 건너 숲에서 폴과 만나기로 약속했다. 그곳은 비밀스러운 약속 장소로 딱 좋았다. 독실한 가톨릭 신자인 니네트는 강 건너 성당에 갈 때도 멀리 떨어진 다리를 건너는 대신, 얼어붙은 강을 곧장 가로지르곤 했다.

니네트는 눈 쌓인 숲을 지나 약속 장소로 가다가 커다란 잿빛 개가 따라오는 것을 눈치챘다. 개가 무척 친근하게 굴었기 때문에, 그 아이는(니네트는 아직 어린아이로 보였다.) 전혀 겁먹지 않았다. 하지만 폴이 기다리고 있는 곳에 이르자, 그 잿빛 개가 으르렁거리며 뛰쳐나갔다.

폴은 첫눈에 늑대임을 알아보고 겁쟁이답게 잽싸게 도망쳤다. 나중에 폴은 총을 가지러 간 것이라고 둘러댔지만, 총이 어디에 있는지도 잊어버린 모양이었다. 총을 찾는답시고 가장 가까운 나무 위로 허겁지겁 올라갔으니까 말이다. 니네트는 얼른 강을 건너와서 폴의 친구들에게 폴이 위험하다고 알렸다.

나무 위에서 총을 찾지 못한 그 용감한 사내는 나뭇가지에 칼을 묶어 창을 만들어서는 용케 늑대의 머리를 찔러 욱신거리는 상처를 입히는 데 성공했다. 늑대는 사납게 크르렁거리며 폴이 내려올 때까지 기다릴 작정으로 멀찍이 떨어진 곳에 앉아 있었다. 그러다 사람들이 폴을 구하러 몰려오자, 마음을 바꾸고 어디론가 사라져 버렸다.

니네트는 폴의 궁색한 변명을 온전히 믿어 주었다. 니네트는 여전히 폴을 사랑했지만, 니네트의 아버지는 폴이 영 못마땅했다. 결국 이들 연인은 폴이 썰매를 몰고 포트알렉산더에 있는 한 회사에 물건을 배달하고 돌아오는 대로 함께 도망치기로 했다.

회사의 대리인은 자신의 개들을 매우 자랑스러워했다. 허스키였는데, 꼬리털은 곱슬곱슬하고 탐스러웠고 송아지처럼 우람하고 튼튼한 데다 해적처럼 거칠고 사나웠다. 폴은 포트개리에서 이 개 세 마리가 끄는 썰매에 중요한 물건을 싣고 포트알렉산더로 나를 예정이었다.

폴은 뛰어난 개몰이꾼이었지만, 그것은 개들을 무자비할 만큼 잔인하게 부린다는 뜻이나 다름없었다. 폴은 늘 그렇듯이 독한 술을 몇 잔 걸친 다음 아침 일찍 기분 좋게 강을 따라 출발했다. 이제 일주일 뒤면 주머니에 20달러를 넣고 돌아올 터였다. 그리고 그 돈으로 니네트와 멀리 도망칠 작정이었다.

폴과 허스키들은 얼어붙은 강을 따라 내려갔다. 폴이 기다란 채찍을 휘두르며 "자, 자, 달려!" 하고 고함치자, 개들은 썩 내키지 않는 듯했지만 아무튼 썰매를 끌고 재빠르게 앞으로 나아갔다.

썰매가 강기슭에 있는 르노 영감의 오두막을 지나갈 때, 채찍을 휘두르며 썰매를 뒤따라가던 폴은 오두막 문가에 서 있는 니네트에게 손을 흔들었다. 술 취한 폴은 시무룩한 개들을 앞세우고 강굽이를 빠르게 돌아 사라졌다. 그것이 폴의 마지막 모습이었다.

그날 저녁 허스키들은 한 마리씩 따로따로 포트개리로 돌아왔다. 몸에는 얼어붙은 핏덩이가 덕지덕지 붙어 있었고, 깊은 상처가 몇 군데씩 나 있었다. 그런데 이상하게도 개들은 별로 '배고픈 기색이 없었다.'

심부름꾼들은 물건을 찾으려고 썰매가 갔던 길을 되짚어 갔다. 물건들은 얼음판 위에 고스란히 놓여 있었고, 거기서 강 상류로 1, 2킬로미터쯤 올라간 곳까지 부서진 썰매 파편들이 띄엄띄엄 흩어져 있었다. 그리고 짐들이 놓여 있던 곳과 가까운 지점에서 폴의 옷 조각이 발견되었다.

허스키들이 폴을 죽이고 잡아먹은 게 분명했다.

회사의 대리인은 그 사건 때문에 몹시 당황했다. 자칫하다간 자기 개들을 죽여야 할지도 몰랐다. 그래서 대리인은 소문을 가라앉힐 수 있는 증거를 찾아 나섰다. 대리인은 르노 영감도 데리고 갔다. 폴이 죽은 곳에서 5킬로미터쯤 떨어진 곳에 이르렀을 때, 르노 영감이 강 동쪽 기슭에서 서쪽 기슭을 가로지르며 썰매를 바짝 쫓아간 큼직한 발자국을 발견했다. 르노 영감은 동쪽 기슭 위에 난 발자국을 2킬로미터쯤 되짚어갔다. 그러고는 그 발자국의 주인공은 개들이 걸을 때는 같이 걷고 개들이 달릴 때는 따라 달렸다는 것을 알아내고 대리인을 돌아보며 이렇게 말했다.

"커다란 늑대입니다. 늑대가 썰매를 줄곧 따라간 거죠."

두 사람은 발자국을 따라 서쪽 기슭으로 가 보았다. 늑대는 킬도넌 숲에서 강 상류 쪽으로 5킬로미터쯤 올라간 곳에서 일단 속도를 늦추고 썰매로 다가가 몇 미터쯤 따라갔다가 다시 숲으로 돌아갔다.

"폴은 여기서 뭔가를 떨어뜨렸습니다. 아마도 짐이었겠죠. 그러자 늑대가 냄새를 맡으러 온 겁니다. 그 덕분에 폴이 예전에 자기 머리를 찔렀던 술꾼이라는 사실을 알게 된 거죠."

1.5킬로미터쯤 더 갔더니, 얼음판 위에 썰매를 쫓아간 늑대 발자국이 나 있었다. 폴의 발자국은 보이지 않았다. 폴은 썰매로 뛰어올라 개한테 채찍질을 하며 썰매를 몰아댔으리라. 그곳에서 폴은 썰매에 실었던 짐을 버렸다. 그래서 짐들이 얼음판 위에 흩어진 것이다. 채찍을 맞으며 개들이 뛰어간 흔적도 남아 있었다.

조금 더 가니 반쯤 눈 속에 묻힌 칼이 보였다. 폴이 늑대한테 휘두르다가 떨어뜨린 게 틀림없었다. 잠시 뒤 늑대 발자국은 사라지고, 계속 달려간 썰매 자국만 보였다. 늑대가 썰매로 뛰어오른 것이다. 공포에 질린 개들은 더욱 빨리 달렸고, 그동안 썰매에서는 복수극이 벌어졌다. 복수는 순식간에 끝났다. 폴과 늑대는 썰매에서 굴러떨어졌다. 그 뒤 동쪽 강기슭에 늑대의 발자국이 다시 나타났다가 숲으로 사라졌다. 썰매는 방향을 잃고 서쪽 기슭으로 800미터쯤 달리다가 나무뿌리에 걸려 박살 나 버렸다.

르노 영감은 눈에 찍힌 흔적들을 보고, 썰매에 묶여 있던 개들이 서로 싸우다가 끈을 끊고 각자 다른 길로 강을 거슬러 돌아오다가 죽은 폭군의 시체에 모여들어 배를 채웠다는 사실을 알아냈다.

개들이 나쁜 짓을 하기는 했지만, 사람을 죽였다는 누명은 벗을 수 있었다. 폴을 죽인 것은 분명히 늑대였다. 그 무시무시한 사건의 충격이 가시고 난 뒤, 르노 영감은 안도의 한숨을 내쉬며 말했다.

"그 늑대였어. 그 녀석이 폴의 손아귀에서 우리 딸을 구해 준 거야. 아이들에게는 항상 친절한 늑대지."

6

바로 이 사건 때문에 사람들은 크리스마스 날 대규모 늑대 사냥을 벌이기로 했다. 지미가 무덤에 묻힌 지 꼭 2년 만의 일이었다. 그날 위니펙의 개란 개들은 거의 다 모인 것 같았다. 포트알렉산더 회사의 대리인이 꼭 필요하다고 생각해 데려온 허스키 세 마리를 비롯해 그레이트데인, 사냥개, 농장 개 그리고 평범한 개들도 있었다.

개들은 오전 내내 세인트보니페이스 동쪽 숲을 샅샅이 뒤졌지만 늑대를 찾아내지 못했다. 그러다가 읍내 서쪽의 아시니보인 숲 근처에서 늑대 발자국이 발견되었다는 전화 연락을 받았다. 한 시간 뒤, 사냥꾼들은 함성을 지르며 위니펙의 늑대가 방금 남긴 냄새를 쫓아갔다.

　개들, 말을 탄 사람들, 걸어가는 사람들로 이루어진 잡다한 어중이떠중이 무리가 늑대를 추적했다. 늑대는 개는 결코 두려워하지 않았지만, 총을 가진 남자들이 위험하다는 것을 알고 있었다. 그래서 길게 이어진 아시니보인 삼림 지대로 달아나려 했는데, 말을 탄 사냥꾼들이 탁 트인 벌판으로 늑대를 몰았다.

　늑대는 콜로니크리크 골짜기로 내려가, 날아오는 총알을 피했다. 그러고는 철조망 울타리 쪽으로 가서 말 탄 남자들을 잠시 따돌리긴 했지만, 총알을 막아 줄 골짜기를 벗어나서는 안 되었다. 이제 개들이 바짝 쫓아왔다. 늑대는 아마 개들만 쫓아오기를 바랐으리라. 40 대 1, 아니 50 대 1이라도 상관없었다. 그 정도라면 승산이 있으니까.

드디어 개들이 늑대를 빙 둘러쌌다. 하지만 감히 달려드는 개는 한 마리도 없었다. 비쩍 마른 사냥개 한 마리가 빠른 발만 믿고 가까이 다가갔다가 옆구리를 물려 죽었다. 말 탄 사냥꾼들은 길이 있는 쪽으로 돌아가야 했지만, 늑대와 개들이 읍내 쪽으로 나아가고 있었기 때문에 더 많은 사람과 개들이 이 싸움에 끼려고 몰려들었다.

늑대는 자기가 잘 아는 휴식처인 도살장으로 도망쳤다. 그러자 개들뿐만 아니라 집도 너무 가까이 있었기 때문에 사람들은 총을 쏠 수가 없었다. 개들은 늑대가 더 이상 도망갈 틈도 없을 만큼 바짝 에워쌌다.

늑대는 끝까지 저항하기 위해 등 뒤를 막아 줄 곳을 찾아다녔다. 그러다가 나무다리 밑에 있는 도랑을 발견하고 그 안으로 뛰어들었다. 그리고는 휙 돌아서서 개들에게 겁을 주었다. 사람들은 곧 몽둥이를 들고 다리를 부수었다.

그러자 늑대는 죽을 줄 뻔히 알면서도 끝까지 싸우겠다는 일념으로 용감하게 뛰쳐나왔다. 그림자처럼 소리 없는 개살해자, 세인트보니페이스 숲의 유령 같은 목소리인 그 늠름한 늑대가 처음으로 훤한 대낮에 적들 앞에 모습을 드러낸 것이다.

7

 3년에 걸친 기나긴 싸움 끝에, 위니펙의 늑대는 홀로 적들 앞에 섰다. 개 40마리와 그 뒤를 지키는 총 든 사내들 앞에서도 결코 기죽지 않은 모습으로. 지난날 그 겨울 숲에서 보았을 때처럼 살짝 치켜 올라간 입가, 가볍게 들썩이는 탄탄한 옆구리, 그리고 차분히 빛나는 황록색 눈동자로 당당하게 적과 맞섰다.
 개들이 한 발 한 발 다가가기 시작했다. 선두에 나선 개는 그 늑대를 잘 아는 덩치 큰 허스키들이 아니라 읍내의 불도그였다. 한순간 무수한 발소리와 컹컹거리는 개들의 울음소리를 누르고 낮은 으르렁거림이 울려 퍼졌다. 그와 동시에 늑대가 턱을 쩍 벌려 잿빛 털 아래 붉은 잇몸을 드러내고 번개처럼 몸을 날렸다. 다음 순간 늑대는 다시 홀로 굳건히 섰다. 냉혹하면서도 함부로 다가갈 수 없는 위엄을 풍기면서.

개들은 세 번이나 덤벼들었지만 그때마다 여지없이 죽임을 당했다. 가장 대담한 개들이 늑대 발치에 쓰러졌다. 맨 먼저 덤벼들었던 불도그도 그런 개들 가운데 하나였다. 개들은 늑대의 참모습을 확인하고 기가 꺾여 슬금슬금 뒷걸음질쳤다. 하지만 늑대의 딱 벌어진 가슴은 여전히 탄탄해 보였다. 늑대는 초조하게 다음 공격을 기다리다가 몇 발짝 앞으로 나섰다. 아! 그것은 총잡이들이 오랫동안 기다려온 기회였다. 총 세 자루가 한꺼번에 불을 뿜었고, 마침내 늑대는 눈밭에 쓰러졌다. 일생 동안 벌여 온 전투가 막을 내린 것이다.

늑대는 자신의 삶을 스스로 선택했다. 숨 가쁜 사건들로 채워진 짧은 삶을. 오래도록 평화롭게 살 수도 있었지만 끊임없는 시련 속에서 3년 만에 생을 마감한 것이다. 위니펙의 늑대는 아무도 가지 않은 길을, 고귀하지만 짧은 길을 택했다. 자기 몫의 술잔을 단숨에 비우고는 잔을 깨뜨렸지만, 그 대신 영원히 지워지지 않을 이름을 남겼다.

과연 누가 그 늑대의 마음을 헤아릴 수 있을까? 누가 그 늑대의 속내를 알 수 있을까? 왜 시련이 끝나지 않는 읍내를 떠나지 않았을까? 갈 곳이 없어서가 아니었다. 그 일대는 자연과 끝없이 이어져 있었고, 어디에나 먹을 것이 있었다. 게다가 그 늑대는 셀커크까지 돌아다녔다고 한다. 복수를 하려고 읍내에 남아 있었을 리도 없다. 복수를 위해 평생을 바치는 동물은 결코 없다. 그런 사악한 마음은 인간한테서나 볼 수 있다. 동물들은 평화를 사랑한다.

그렇다면 위니펙의 늑대를 떠나지 못하게 묶어 두었던 끈은 오직 하나다. 그것은 위니펙의 늑대를 온통 사로잡았던 간절한 요구이자 지상에서 가장 강력한 힘이었다.

위니펙의 늑대는 죽었다. 그리고 그가 남긴 마지막 유물마저 멀비 학교가 불타면서 사라져 버렸다. 하지만 요즘도 크리스마스 전날 밤에 세인트보니페이스 성당의 종이 울리면, 백 걸음쯤 떨어진 숲속의 무덤에서 어김없이 으스스하고 구슬픈 늑대 울음소리가 들린다고 한다. 그 무덤은 이 세상에서 위니펙의 늑대를 사랑해 준 단 한 사람, 지미가 잠든 곳이었다.

The Legend of The White Reindeer
하얀 순록의 전설

건배! 건배! 노르웨이를 위해 건배!

물레방아 트롤의 노래를 부르자.

내가 숨어 있을 때

노르웨이의 운명은

하얀 순록을 타고

따가닥따가닥 달려온다.

배경

노르웨이의 높은 산지에 팬 주름살처럼, 지구에 난 금처럼 깊고 길게 뻗어 있는 우트로반은 얼음처럼 차가운 물이 넘실대는 호수로, 몹시 춥고 어둡고 황량한 곳이다. 산으로 가로막힌 이 빙하호는 어머니인 바다보다 900미터 높은 곳에 있으나, 아버지인 태양에는 결코 범접할 수 없었다.

그 쓸쓸한 호숫가에는 제대로 자라지 못한 나무들이 띠처럼 길게 둘러서 있는데, 이 띠는 높은 골짜기 위쪽까지 올라가다가 차츰 마른 나뭇가지와 이끼에게 자리를 내준다. 이 나무들의 띠는 호수를 둘러싼 높이 300미터가량의 화강암 산 중턱까지 이어진다.

바로 여기가 나무들이 자랄 수 있는 수목 한계선이다. 가장 마지막까지 서리와 싸우며 버티는 나무는 자작나무와 버드나무이다. 이 나무들이 자라는 작은 숲은 지빠귀, 밭종다리, 뇌조들의 울음소리로 활기를 띠지만, 위쪽 고원으로 올라가면 새들마저 떠나 버리고 바위 그늘과 거센 바람 소리만 남는다.

춥고 험준한 바위 지대인 호이피엘은 눈이 수북이 쌓인 깊은 골짜기들을 품고 완만하게 굽이치며 뻗어 있다. 멀리 솟은 하얀 봉우리들은 북쪽으로 갈수록 더 하얗게 빛나다가, 마침내 빙하와 만년설의 고향이자 정령들의 고향인 요툰헤임이 그 눈부신 모습을 흐릿하게 드러낸다.

나무 한 그루 없이 드넓게 펼쳐진 호이피엘 지대는 기온의 위력을 생생하게 보여 준다. 평균 기온이 1도씩 낮아질 때마다 좀 더 하등한 생물이 등장하는 것이다. 골짜기마다 북쪽 비탈에는 남쪽 비탈보다 침엽수가 적게 자란다. 소나무와 가문비나무는 애초에 항복했고, 마가목이 그다음이며, 자작나무와 버드나무는 골짜기 중턱까지 올라간다. 하지만 그 위쪽의 호이피엘 들판에는 덩굴 식물이나 이끼밖에 자라지 않는다. 들판은 연한 청회색 꽃이끼로 뒤덮여 있지만, 군데군데 오렌지색 솔이끼가 자라고 양지바른 곳에서는 초록빛 풀도 보인다.

곳곳에 흩어져 있는 바위는 옅은 라일락빛을 띠는데, 군데군데 프릴 장식 같은 청회색 이끼류나 오렌지색 줄무늬나 애교 점 같은 까만 얼룩들로 알록달록 덮여 있다. 이 바위들은 아주 오랫동안 열을 품고 있을 수 있기 때문에 온기를 좋아하는 식물들이 바위를 빙 둘러싸고 있다. 그렇게 하지 않으면 식물들은 이런 고지대에서 도저히 살아남을 수 없는 것이다. 이곳에서는 흔히 보는 자작나무와 버드나무보다 훨씬 조그만 자작나무와 버드나무들이 마치 겨울철이면 난로를 껴안고 사는 노인처럼 차디찬 허공 대신 따뜻한 바위를 품에 안듯 그 위로 팔을 뻗고 있다. 바위에서 조금 떨어진 곳에서는 추위에 좀 더 강한 히스가 자라고, 그 너머로는 다른 식물이 자랄 수 없는 추운 곳에서도 생명을 틔워 고지대를 청회색으로 물들이는 꽃이끼가 있다.

지금은 6월인데도 골짜기에는 아직 흰 눈이 쌓여 있다. 이 눈은 조금씩 녹아서 얼음처럼 차가운 개울이 되어 호수로 흘러든다. 이 눈 속에서는 추운 지방의 눈 속에 산다는 붉은 플랑크톤조차 살지 않고, 주위에는 풀 한 포기 자라지 않는 황무지만 펼쳐져 있어 생명과 온기는 뗄 수 없는 관계임을 느끼게 한다.

새도 없고 생명도 없는 청회색 황무지는 수목 한계선과

만년설 한계선 사이에 황량하게 펼쳐져 있고, 만년설 한계선 위쪽 지역에서는 영원히 겨울만 계속된다. 수목 한계선과 만년설 한계선은 북쪽 지방으로 갈수록 점점 낮아져 마침내 수목 한계선이 해수면까지 내려간다. 이처럼 모든 땅에서 나무가 자라지 않는 지역을 유럽에서는 '툰드라'라고 하고 아메리카에서는 '배런'이라고 하는데, 바로 이곳이 순록의 고향이자 꽃이끼의 왕국이다.

1

어느 봄날, 순록 떼의 우두머리인 암순록 바심레가 물가를 지나가는데, 뭔가가 물속을 들락거리고 물 위로 봉봉 날아다니며 노래를 불렀다.

"건배! 건배! 노르웨이를 위해 건배!"

그러고는 마치 자기가 앞일을 내다보는 예언자라도 되는 양 '하얀 순록과 노르웨이의 행운'에 대해 노래했다.

우르토반 호수 바로 위쪽에 있는 호이피엘 아래쪽에 처음으로 둑을 쌓아 물레방아를 돌린 스베굼 영감은 그곳이 자기 땅이라고 생각했다. 하지만 스베굼 영감보다 먼저 그곳에 살던 존재가 있었다. 그것은 콸콸 흐르는 개울물 속으로 쏜살같이 들어갔다가 튀어나오곤 했으며, 때와 장소에 맞추어 노래를 지어 불렀다. 또 물레방아의 바퀴살에서 바퀴살로 팔짝팔짝 뛰어다니며 스베굼 영감이라면 운에 맡길 수밖에 없는 일들을 척척 해냈다. 몇몇 이웃은 하얀 수염에 갈색 외투를 입고 땅 위든 물속이든 마음 내키는 곳에서 사는 물레방아의 트롤*, 그러니까 물의 요정이 스베굼 영감에게 행운을 가져다준다고 했다.

하지만 대부분의 이웃 사람들은 포세칼밖에 보지 못했다. 포세칼은 폭포에 사는 작은 새로, 해마다 이곳을 찾아와 개울에서 춤을 추거나 깊은 물속으로 잠수를 했다.

---

*북유럽 전설에 등장하는 거인 또는 난쟁이로, 동굴이나 땅속에 산다.

어쩌면 둘 다 맞는지도 모른다. 아주 늙은 농부들의 말에 따르면 요정 트롤이 사람이나 새로 둔갑할 수 있다고 하니까.

포세칼은 어떤 새와도 다른 삶을 살았고, 노르웨이에서 아무도 부르지 않는 노래를 불렀다. 또 워낙 눈이 좋아서 사람한테는 보이지 않는 광경들도 보았다. 이를테면 지빠귀가 집을 짓는 모습이라든가, 레밍이 새끼들에게 먹이를 주는 모습 따위를. 사람들 눈에는 술레틴산에 어른거리는 까만 점으로 보이는 것도 포세칼의 눈에는 털갈이 중인 순록으로 보였다. 그리고 반렌의 초록빛 진흙땅도 포세칼한테는 푸짐한 잔칫상이 차려진 아름다운 풀밭으로 보였다.

아, 인간은 보지 못하는 것이 너무 많다! 그런 인간을 어떻게 혐오하지 않을 수 있겠는가. 하지만 포세칼은 누구한테도 해코지를 하지 않았고, 그래서 아무도 포세칼을 두려워하지 않았다. 포세칼은 단지 노래를 불렀을 뿐이다. 가끔은 익살과 예언과 약간의 조롱이 섞인 노래를.

포세칼은 자작나무 꼭대기에 앉아, 물레방아 둑에서 나오는 물줄기가 뉘스투엔의 작은 마을을 지나 검푸른 우트로반 호수로 흘러드는 것을 볼 수 있었고, 좀 더 높이 날아오르면 북쪽의 요툰헤임으로 이어지는 황량한 고원도 훤히 내다볼 수 있었다.

바야흐로 모든 것이 잠에서 깨어나는 계절이었다. 숲에는 벌써 봄이 찾아왔고, 골짜기에는 생명이 힘차게 약동하고 있었다. 남쪽에서 새들이 날아오고, 수많은 동물들이 겨울잠에서 깨어나 어슬렁거렸다. 낮은 곳으로 내려가 겨울을 난 순록들도 머잖아 이 고원 지대로 돌아올 것이다.

서리 거인들은 자기네가 오랫동안 차지하고 있던 영토에서 순순히 물러나지 않았다. 곳곳에서 치열한 전투가 펼쳐졌다. 그러나 태양은 느리지만 확실히 이겨 나가며 서리 거인들을 하나씩, 둘씩 요툰헤임으로 쫓아 버렸다. 서리 거인들은 골짜기나 응달에 남아 저항하거나 밤사이에 슬그머니 돌아오기도 했지만 번번이 쫓겨났다.

그러나 서리 거인들은 끈질긴 싸움꾼이었다. 그들은 무모한 싸움을 벌이면서 수많은 화강암 바위들을 닥치는 대로 때려 부수었다. 그렇게 깨어지고 갈라져 속살을 드러낸 무수한 바위들이 마치 토르*의 양 떼처럼 초원에 점점이 흩어져 있는 청회색 바위들 틈에서 따사롭게 빛났다. 이런 풍경은 서리 거인들과 태양이 싸움을 벌인 곳이면 어디에서든 볼 수 있었다. 그리고 또 한 무리의 바위가 술레틴산의 비탈을 따라 800미터가량 드문드문 흩어져 있었는데, 아,

---

* 북유럽 신화에 나오는 천둥의 신.

잠깐! 지금 바위가 움직였다! 그렇다면 저것은 바위가 아니라 살아 있는 동물이라는 말이다.

그 무리는 여기저기 어수선하게 흩어져 다니기는 했지만 바람이 불어오는 쪽으로 조금씩 나아갔다. 무리는 골짜기로 사라졌다가 다시 가까운 산등성이에서 모습을 드러냈다. 하늘을 등지고 구름 떼처럼 모여든 짐승들. 나뭇가지처럼 뻗은 뿔로 보아, 그 짐승들은 분명 고향으로 돌아오는 순록 떼였다.

순록 떼는 특유의 독특한 소리를 내며 양이 풀을 뜯듯 이끼를 뜯어 먹으면서 조금씩 조금씩 다가왔다. 저마다 이끼가 돋아난 곳을 한 군데씩 골라 깨끗이 먹어 치우고는, 따각따각 발굽 소리를 내면서 다시 먹이가 있는 곳으로 가는 것이다.

순록들은 끊임없이 앞서거니 뒤서거니 하면서 흩어져 다녔지만, 항상 맨 앞이나 그 부근을 지키는 순록이 있었다. 몸집이 크고 잘생긴 암순록 바심레였다.

순록들이 아무리 멀리까지 흩어져도 그 암순록은 항상 맨 앞에 서서 무리를 이끌었다. 그러니까 이 암순록이 바로 순록 떼의 우두머리인 것이다. 벨벳을 두른 듯한 거대한 뿔을 가진 큰 수컷들도 이 암순록의 지휘에 따랐고, 설령 독립심 강한 어떤 순록이 무리를 다른 쪽으로 끌고 가려 해도 어느 순록도 따라가지 않을 것임이 분명했다.

우두머리 암순록 바심레는 한두 주 전부터 날마다 무리를 이끌고 수목 한계선을 따라 더 높은 지대로 올라갔다. 이제는 산 위의 눈도 녹고 있었고, 성가신 등에도 바람에 날려 가고 없었다.

점점 더 높은 곳에서도 풀이 자라기 시작해서, 얼마 전까지만 해도 암순록은 돋아나는 풀을 따라 고지대로 올라갔다가 해가 지면 바람을 막아 주는 숲으로 돌아왔다. 야생 동물도 인간처럼 차가운 밤바람을 두려워하기 때문이다. 하지만 이제 숲에는 등에가 득실거리고, 바위투성이 산기슭의 구석진 곳에서도 밤을 지낼 수 있을 만큼 날씨가 풀렸기 때문에 숲으로 돌아갈 필요가 없었다.

동물 무리의 지도자는 결코 자신이 우두머리라고 내세우지는 않지만, 무리가 자기를 따르지 않으면 불안해한다. 그러나 누구나 혼자 있고 싶을 때가 있는 법이다. 바심레는 겨우내 통통하게 살이 붙고 기운이 넘쳤지만, 지금은 왠지 안절부절못하고 무리가 풀을 뜯으며 자기 옆을 지나가도 머리를 숙이고 꾸물거렸다.

이따금 바심레는 이끼를 씹지도 않고 입가에 덜렁덜렁 매단 채 멍하니 어딘가를 바라보다가, 다시 정신을 차리고 앞으로 나아가곤 했다. 멍하니 딴 곳을 바라보는 일은 점점 잦아지고 혼자 있고 싶은 마음도 점점 강해졌다.

바심레가 자작나무 숲이 있는 산 아래쪽으로 돌아서자, 다른 순록들도 모두 그쪽으로 돌아섰다. 바심레는 머리를 숙인 채 가만히 서 있었다. 그러자 나머지 순록들은 산비탈을 등진 채 조각상처럼 서 있는 바심레를 남겨 두고 이끼를 뜯고 울음소리를 내며 지나갔다.

다른 순록들이 멀어지자, 바심레는 조용히 도망쳤다. 몇 발짝 걷다가 주위를 둘러보고, 풀을 뜯는 척하면서 땅 냄새를 맡고, 언덕을 두리번거리며 동료들이 잘 있는지 확인하면서, 바심레는 숲을 찾아 밑으로 내려갔다.

바심레는 개울 기슭을 살펴보다가 또 다른 암순록이 혼자서 헤매는 것을 보았다. 하지만 바심레는 누가 곁에 있는 것이 싫었다. 까닭은 알 수 없었지만 어디론가 숨어야 할 것만 같았다.

바심레는 그 암순록이 지나갈 때까지 가만히 서 있다가 옆으로 돌아섰다. 그러고는 주저 없이 우트로반이 보이는 곳까지 성큼성큼 걸어갔다. 이윽고 바심레는 스베굼 영감의 물레방아가 돌아가는 작은 개울로 내려와 맑고 투명한 개울을 탐방담방 건너서 둑 위쪽으로 올라왔다. 뭇 야생 동물처럼 흐르는 물을 이용해 적을 따돌리는 뿌리 깊은 본능 때문이었다.

바심레는 아직은 황량하지만 조금씩 푸른빛이 돌기 시작하는 건너편 기슭 위에서 방향을 바꾸어 비틀린 나무들 사이를 헤치며 소란스러운 물레방아 둑을 떠났다. 그러고는 둑 너머에 있는 좀 더 높은 지대에서 걸음을 멈추었다가 좀 더 앞으로 나아가 이쪽저쪽을 살피고는 다시 돌아왔다. 여기, 부드러운 색깔을 띤 바위들과 새싹을 틔운 자작나무들로 포근하게 둘러  싸인 이곳에서 쉬고 싶은 모양이었다. 아니, 쉬려는 것은 아니었다. 바심레는 다리에 들러붙는 등에를 쫓으며 파릇파릇 돋아나는 풀에는 눈길도 주지 않고 초조하게 서성거렸다. 바심레는 자신이 아무도 모르게 숨었다고 생각했다.

하지만 누구도 포세칼의 눈을 피할 수는 없다. 포세칼은 아까부터 바심레가 무리에서 떨어져 나오는 것을 지켜보다가, 툭 튀어나온 이 멋진 바위에 날아와 앉았다. 그러고는 마치 이 순간을 기다려 왔으며, 이 나라의 운명은 앞으로 이 빈터에서 일어날 일에 달려 있다는 듯이 노래했다.

건배! 건배! 노르웨이를 위해 건배!

물레방아 트롤의 노래를 부르자.

내가 숨어 있을 때

노르웨이의 운명은

하얀 순록을 타고

따가닥따가닥 달려온다.

노르웨이에는 황새*가 없는데도, 한 시간 뒤 바심레 곁에는 건강한 새끼 순록이 누워 있었다. 바심레는 그것이 이 세상에 처음으로 태어난 새끼 순록인 양 행복해하고 자랑스러워하면서 새끼의 털을 쓸어 주고 핥아 주며 정성껏 보살폈다.

---

* 서양에서 흔히 아이를 가져다주는 새로 표현된다.

이달 들어 바심레 무리의 암순록들이 낳은 새끼만도 몇백 마리나 되지만, 이 새끼 순록과 비슷한 새끼 순록은 하나도 없을 것이다. 바심레의 새끼는 눈처럼 하얀 순록이었으니까. 이윽고 바위에 앉은 가수가

하얀 순록에게
행운이, 행운이

하고 노래를 불렀다. 마치 그 하얀 새끼 순록이 자라서 어떤 일을 해낼지 예언이라도 하듯이.

그런데 놀라운 일이 또 하나 일어났다. 한 시간도 채 지나기 전에 두 번째 새끼가 태어난 것이다. 이번에는 갈색 순록이었다. 이런 일이 드물긴 했지만 꼭 필요하다면 무정한 짓이라도 할 수밖에 없었다.

두 시간 뒤 바심레가 하얀 새끼 순록을 데리고 떠난 빈터에는, 갈색 새끼 순록은 온데간데없고 새끼 순록의 가죽처럼 생긴 납작한 넝마 조각만 남아 있었다.

어미 순록은 현명했다. 허약한 새끼 두 마리보다는 튼튼한 새끼 한 마리를 키우는 것이 낫기 때문이다. 며칠 지나지 않아 어미 순록은 다시 무리를 이끌었고, 그 옆에서 하얀 새끼 순록이 뛰어다녔다. 바심레는 항상 새끼를 배려했

다. 그래서 무리 전체가 하얀 새끼 순록의 걸음에 맞추어 나아갔다. 그 덕분에 새끼들을 데리고 다니는 다른 어미 순록들도 한결 편해졌다.

이 하얀 새끼 순록은 당당한 체구와 넘치는 힘을 가진 현명한 바심레가 한창때에 피운 꽃이었다. 새끼 순록은 이따금 무리를 이끄는 어미를 앞질러 맨 앞으로 뛰어나가기도 했다. 우연히 그 모습을 본 스베굼의 이웃 롤이 껄껄껄 웃음을 터뜨렸다. 나이가 많건 적건, 통통한 암컷이건 커다란 뿔을 가진 수컷이건, 덩치 큰 갈색 순록 떼 전체가 이 하얀 새끼 순록한테 끌려다니는 것 같았기 때문이다.

그렇게 순록들은 높은 산으로 올라가 여름내 거기서 지냈다. 달레 아래쪽에 사는 리프라는 사람은 이렇게 말했다.

"저 순록들은 검은 아비*가 얼음판 위에서 웃고 있는 땅으로 가는 거야. 그곳 정령들이 순록들의 선생님이거든."

하지만 늘 순록들 틈에서 살던 스베굼 영감은 이렇게 말했다.

"우리 인간들처럼 순록들의 선생님은 바로 어미라네."

가을이 오자, 스베굼 영감은 멀리 갈색 들판에서 하얀 눈

---

* 물속에 잠수해서 물고기를 잡아먹고 사는 새. 웃음소리처럼 들리는 독특한 소리를 낸다.

송이 같은 것이 움직이는 것을 보았다. 하지만 포세칼은 그것이 넥부크, 그러니까 한 살배기 하얀 순록임을 알고 있었다. 그리고 순록 떼가 우트로반 호숫가에서 물을 마실 때에도, 다른 순록들은 거무스름한 언덕을 등지고 있어서 어렴풋한 형체만 드러났지만 하얀 새끼 순록은 잔잔한 수면에 비친 모습까지 또렷이 보였다.

그해 봄에 태어난 어린 순록들 중에는 이끼가 자라는 황무지로 떠났다가 영영 돌아오지 못한 순록도 많았다. 허약하거나 어리석었기 때문이다. 또 관습에 따라 도중에 버려

진 새끼들도 있었고, 규칙에 따르지 않다가 목숨을 잃은 새끼들도 있었다. 하지만 하얀 새끼 순록은 새끼들 중에서 가장 튼튼하고 현명했으며, 가장 뛰어난 지혜를 가진 제 어미한테서 많은 것을 배웠다.

하얀 순록은 똑같은 풀이라도 양지바른 바위 쪽에서 자라는 풀은 맛있지만, 생김새는 똑같아도 응달진 골짜기에서 자라는 풀은 맛이 없다는 것을 배웠다. 또 어미가 발굽을 따가닥거리면 일어나서 움직여야 하고, 모든 순록들이 발을 굴리면 위험하니까 어미 곁에 꼭 붙어 있어야 한다는 것도 배웠다. 이 발굽 소리는 흰뺨오리의 날갯짓 소리와 같은 역할, 즉 저희들끼리 한데 뭉치게 하는 역할을 했다.

또 하얀 순록은 하얀 갓털이 달린 키 작은 풀이 자라는 곳은 위험한 늪지대라는 것을 배웠다. 뇌조가 요란스레 꽥꽥

거리면 독수리가 가까이에 있다는 뜻이었다. 독수리는 뇌조한테는 물론이고 새끼 순록한테도 위험한 존재였다. 그리고 트롤베리 열매를 먹으면 목숨을 잃을 수도 있고, 등에 떼가 쏘려고 달려들면 눈밭으로 피해야 하며, 모든 동물의 냄새 중에서 믿을 수 있는 것은 어미의 냄새뿐임을 배웠다.

하얀 순록은 자신이 무럭무럭 자라고 있다는 것을 잘 알았다. 홀쭉하던 옆구리는 이제 한 살배기답게 제법 볼록해졌고, 뼈만 앙상하던 다리도 늘씬하게 변했다. 그리고 태어난 지 두 주 만에 머리에 조금씩 돋아나기 시작한 작은 혹들은 무기로 쓸 수 있을 만큼 날카롭고 단단한 뿔이 되었다.

순록들은 인간들이 '예르브'라고 부르는 북쪽 지방의 무시무시한 짐승, 즉 울버린*의 냄새를 종종 맡았다. 그러던 어느 날, 그 위험한 냄새가 갑자기 짙게 풍겨 오더니, 바위 위에서 거대한 흑갈색 짐승이 맨 앞에 있던 하얀 새끼 순록을 노리고 구르듯이 몸을 날렸다.

---

* 추운 지역에 사는 족제빗과 동물. 성질이 사납고 자기보다 덩치가 큰 동물도 사냥한다.

번뜩이는 이빨과 눈을 가진 커다란 털북숭이가 뜨거운 숨을 내뿜으며 회오리바람처럼 사납게 달려들자, 새끼 순록은 한순간 정신이 멍해질 정도로 겁에 질려 털을 곤두세우고 콧구멍을 벌름거렸다. 하지만 새끼 순록은 도망치지 않았다. 자신의 평화를 깨뜨린 적에게 분노가 치밀었기 때문이다. 새끼 순록은 끓어오르는 분노 때문에 두려움도 잊은 채 앞다리로 굳건히 버티고 서서 뿔을 곤두세웠다.

갈색 짐승은 목구멍 깊은 곳에서 으르렁 소리를 토해 내며 새끼 순록 위로 뛰어내렸다. 그 순간 새끼 순록은 그 짐승을 뿔로 힘껏 들이받았다. 하지만 그 반동으로 자신도 쓰러지고 말았다. 어미 순록이 아니었다면 새끼 순록은 결국 울버린에게 목숨을 잃었을 것이다. 항상 경계를 늦추지 않고 새끼를 지키던 어미 순록은 당장 공격에 나섰다. 몸집도 더 크고 무기도 더 많은 어미 순록은 울버린을 휙 내동댕이치고는 뿔로 들이받아서 쓰러뜨렸다. 그러자 하얀 새끼 순록도 순한 눈동자를 악마처럼 번뜩이며 울버린에게 달려들었다. 울버린의 숨이 끊어지고 어미 순록이 풀을 뜯으려고 그 자리를 떠난 뒤에도, 새끼 순록은 화가 나서 콧김을 씩씩 내뿜으며 눈처럼 하얀 머리가 적의 피로 붉게 물들 때까지 그 증오스러운 놈을 뿔로 마구 찔렀다.

이처럼 하얀 순록은 겉모습은 소처럼 순하게 생겼지만,

울버린과 맞서 싸우는 하얀 새끼 순록.

싸움을 좋아하는 사나운 면도 지니고 있었다. 하얀 순록은 꼭 북쪽 지방의 남자들 같았다. 어깨가 떡 벌어진 다부진 몸에 평소에는 화를 잘 내지 않는 성격이지만 한번 화가 나면 '물불 가리지 않는' 남자들 말이다.

그해 가을 순록들이 호숫가에 모였을 때, 포세칼은 마치 이 순간을 기다렸다는 듯이 노래를 불렀다.

내가 숨어 있을 때
노르웨이의 운명은
하얀 순록을 타고
따가닥따가닥 달려온다.

그리고 포세칼은 어디론가 사라져 버렸다.
스베굼 영감은 포세칼이 마치 하늘을 날듯이 강물 속을 날아다니고, 뇌조가 바위 위를 걷듯이 깊은 연못의 바닥을 걸어 다니는 모습을 보았다. 포세칼은 도무지 보통 새처럼 보이지 않았지만, 스베굼 영감은 포세칼이 그저 겨울을 보내려고 남쪽으로 날아갔다고만 말했다. 스베굼 영감은 글을 읽을 줄도 쓸 줄도 모르는데, 어떻게 그 사실을 알고 있었을까?

2

해마다 봄이 되면 순록 떼는 저지대 숲에서 황량한 우트로반 기슭으로 가는 길에 스베굼 영감의 물방앗간 옆 개울을 지났다. 그때마다 포세칼은 거기서 하얀 순록의 노래를 불렀고, 하얀 순록은 해가 갈수록 진정한 지도자의 위엄을 갖추었다.

태어난 해 봄에 하얀 순록의 키는 산토끼보다 약간 더 컸다. 하지만 가을에 물을 마시러 왔을 때는 스베굼 영감네 개울이 우트로반으로 흘러드는 입구에 있는 바위보다 더 키가 컸다. 이듬해가 되자 키 작은 자작나무 밑을 간신히 지나갈 수 있었고, 3년째로 접어들자 알록달록한 바위에 앉은 포세칼이 하얀 순록을 내려다보는 것이 아니라 우러러보아야 할 만큼 자랐다.

올가을에 롤과 스베굼 영감은 호이피엘을 돌아다니며 순록들을 한데 모아서는 썰매를 잘 끌 만한 튼튼한 순록을 골랐다. 하얀 순록을 보고는 다들 고개를 끄덕였다. 눈처럼 새하얀 그 순록은 순록들 중에서 키가 가장 크고 몸집도 가장 컸으며, 쌓인 눈 더미를 단숨에 쓸어버릴 듯한 목털과 말처럼 탄탄한 가슴, 폭풍을 이겨 내고 자라난 참나무 같은 뿔을 가지고 있었다. 하얀 순록은 순록의 왕이었으며, 장차 달리기의 왕도 될 것 같았다.

말을 길들이는 사람과 마찬가지로 순록을 길들이는 사람도 두 종류가 있다. 하나는 순록을 가르치고 사람에게 익숙해지게 해서 생기 있고 다정한 조력자로 만드는 사람이고, 또 하나는 순록의 기를 꺾어서 언제 반항하거나 증오를 터뜨릴지 모르는 음울한 노예로 만드는 사람이다. 북유럽의 수많은 사람들이 자기 순록한테 잔인하게 굴다가 목숨을 잃었고, 롤도 자신의 순록한테 목숨을 잃을 뻔했다.

하지만 스베굼 영감은 온화한 사람이었다. 그가 하얀 순록의 훈련을 맡았다. 훈련은 오래 걸렸다. 하얀 순록은 다른 순록한테 간섭받기를 싫어한 것처럼 인간한테 간섭받는 것도 싫어했기 때문이다. 하지만 두려움이 아니라 따뜻한 배려가 마침내 하얀 순록을 길들였고, 고분고분해진 하얀 순록은 자랑스럽게 썰매 경주에 참가하게 되었다. 눈빛이 순한 거대한 흰 순록이 기나긴 우트로반의 눈벌판을 달리는 모습은 정말로 장관이었다. 콧구멍에서는 하얀 김이 씩씩 뿜어져 나오고 발밑에서는 증기선의 뱃머리에 부서지는 파도처럼 눈가루가 푹푹 날리는 가운데, 썰매와 썰매 몰이꾼과 순록은 온통 흰빛에 파묻혀 희미하게 보였다.

이윽고 크리스마스 축제가 시작되고 빙판 위에서 갖가지 경주가 열리자, 우트로반 지역에도 활기가 돌면서 한적하던 산속에 즐거운 함성이 메아리쳤다. 맨 먼저 순록 경주가 열렸는데, 우스꽝스러운 사고가 많이 일어나 한바탕 웃음을 자아냈다.

롤도 자기 순록을 데리고 경기에 참가했다. 그 녀석은 키가 큰 다섯 살배기로 거무스름한 순록이었는데, 롤의 순록들 가운데 가장 뛰어난 선수였다. 하지만 롤은 우승하고 싶은 마음에 재능도 많고 불만도 많은 그 노예를 가혹하게 닦달했다. 경기가 한창 무르익고 우승이 눈앞에 보이는 순간, 롤의 순록은 무자비한 채찍질을 견디지 못하고 분노를 터뜨리고 말았다. 롤이 뒤집힌 썰매 밑에 숨어 있는 동안 순록은 썰매 밑판에 대고 화풀이를 실컷 했다. 결국 롤은 경기에 졌고, 어린 하얀 순록이 승리를 거두었다.

하얀 순록은 호숫가를 도는 8킬로미터 경주에서도 우승을 차지했다. 스베굼 영감은 하얀 순록이 우승할 때마다 목줄에 작은 은방울을 달아 주었다. 그 뒤로 하얀 순록이 달릴 때마다 딸랑딸랑 경쾌한 방울 소리가 울렸다.

이어서 말들의 경주가 시작되었다. 말들은 우렁찬 소리를 내며 두두두두 달렸다. 말에 비하면 순록은 빠른 걸음으로 뛰는 정도에 불과했다. 우승마인 발데르가 리본을 달고 그 주인이 상금을 받자, 스베굼 영감이 자기가 받은 모든 상품을 들고 가서 말했다.

"여보게 라르스, 자네 말도 훌륭하구먼. 하지만 내 순록보다는 못할걸. 어떤가, 서로 상품을 몽땅 걸고 경주를 해 보지 않겠나?"

순록 대 경주마라니. 지금까지 그린 경주는 한 번도 없었다. 이윽고 출발 신호가 울리고 말과 순록이 출발했다.

"발데르, 잘해라! 워워워! 발데르, 힘내!"

아름다운 경주마는 쏜살같이 달렸고, 그 뒤로 하얀 순록이 좀 더 느린 걸음으로 성큼성큼 뛰어갔다.

"발데르, 잘한다!"

"하얀 순록, 잘한다!"

말이 앞으로 쭉쭉 나가면서 거리를 점점 벌리자, 사람들은 미친 듯이 환호성을 질렀다! 말은 출발할 때부터 전속력으로 달렸지만, 하얀 순록은 점점 빨라졌다. 결국 말은 하얀 순록과의 거리를 더 이상 벌리지 못했다.

1.5킬로미터가 눈 깜짝할 사이에 지나갔다. 거리가 점점 좁아졌다. 말은 처음부터 무리하게 빨리 달렸지만, 순록은 점점 박차를 가했다. 순록은 고른 보폭으로 달렸고 달릴수록 속도가 빨라졌다. 스베굼 영감은 "그래, 옳지, 옳지! 잘한다!" 하고 기운을 북돋아 주거나 고삐를 살짝 잡아당기며 순록을 몰았다.

말과 순록이 엇비슷하게 반환점을 돌았다. 그러다가 말이 얼음판에서 미끄러졌다. 말을 모는 사람도 능숙했고, 편자도 좋은 것을 박았는데 말이다. 말이 겁먹은 듯 머뭇거리는 사이에 하얀 순록은 땀이 나도록 열심히 달렸다. 말 썰매가 한참 뒤처졌을 때, 필레피엘 사람들 사이에서 떠들썩한 환호성이 터져 나왔다. 마침내 하얀 순록이 결승점에 도착하여 승리를 거머쥐었다. 이처럼 하얀 순록은 최상의 힘과 속력을 갖추기도 전에 많은 승리를 거두었다.

그날 롤이 하얀 순록을 몰아 보겠다고 나섰다. 처음에는 잘 달렸다. 하얀 순록은 온순한 눈을 착 내리깔고는 롤의 외줄 고삐가 움직이는 대로 묵묵히 따랐다. 하지만 롤은 짐승을 가혹하게 부리는 버릇을 버리지 못하고, 별 이유도 없이 하얀 순록에게 채찍을 휘둘렀다.

한순간, 하얀 순록이 돌변했다. 속도를 확 줄이더니 그대로 우뚝 멈춰 서 버렸다. 하얀 순록은 온순하게 내리깔고 있던 눈을 크게 뜨고 초록빛으로 타오르는 눈동자를 희번덕거리며 콧김을 세 번이나 뿜어냈다.

롤은 고함을 쳤지만 이내 위험을 깨닫고 재빨리 썰매를 뒤집고 그 밑에 숨었다. 순록은 썰매를 공격하려고 휙 돌아서서는 씩씩거리며 발굽으로 눈을 푹푹 파헤쳤다. 그때 스베굼 영감의 아들인 꼬마 크누트가 달려 나와 순록의 목을 감싸 안았다. 잠시 뒤 순록의 눈에서 사나운 빛이 가시더니 아이에게 이끌려 조용히 출발점으로 되돌아왔다. 순록을 몰 때는 조심하라! 순록도 화가 나면 '물불 가리지 않는다.'

　이 사건을 계기로 하얀 순록은 필레피엘 사람들 사이에서 유명해졌다.

　그로부터 2년도 지나지 않아 스베굼 영감의 하얀 순록은 놀라운 성과를 수없이 거두며 온 나라에 이름을 떨쳤다. 하얀 순록은 스베굼 영감을 태우고 둘레가 10킬로미터나 되는 우트로반 호수를 20분 만에 돌았다. 눈사태가 홀라케르 마을을 덮쳤을 때는 발이 푹푹 빠지는 눈길을 64킬로미터나 달려 7시간 만에 옵달스톨레 마을에 구조 요청을 전하고 브랜디와 식량 그리고 빨리 구조해 주겠다는 약속을 받아 내어 돌아오기도 했다.

　한번은 지나치게 모험심이 강한 꼬마 크누트가 막 얼기 시작한 우트로반의 빙판을 지나다가 얼음이 갈라지면서 물에 빠졌다. 이때도 크누트의 비명을 듣고 달려온 것은 하얀 순록이었다. 하얀 순록은 순록들 중에서도 가장 온화한 성품을 지녔으며 부르면 언제든지 달려왔다.

하얀 순록은 물에 빠진 소년을 구해서 당당하게 물가로 갔다. 하얀 순록과 소년이 물레방아 개울을 건너자, 포세칼이 이렇게 노래했다.

하얀 순록에게
행운이, 행운이

그 뒤 몇 달 동안 포세칼의 모습이 보이지 않았다. 혹시 물 밑 어느 동굴에 들어가 겨울 내내 맛있는 먹이를 먹으며 즐겁게 지낸 게 아닐까. 물론 스베굼 영감은 그렇게 생각하지 않았지만 말이다.

3

보건대 한 나라의 운명이 어린아이의 손에 좌우되거나 새나 짐승의 어깨에 놓이게 되는 경우는 얼마나 많은가! 로마 제국은 암늑대가 길렀고*, 북 위에 앉아 빵 부스러기를 쪼아 먹던 굴뚝새 때문에 네덜란드의 오라녜 왕가가 군대를 일으켜 영국의 스튜어트 왕가를 끝장냈다고도 한다. 그렇다면 노르웨이의 운명이 어느 고귀한 순록에게 맡겨진들

뭐 그리 놀라운 일이겠는가. 트롤이 물레방아에 앉아서 부르던 노래도 바로 그것 아니던가.

이 무렵 스칸디나비아 반도는 뒤숭숭하기 짝이 없었다. 사악한 자들이 남몰래 반란을 꿈꾸며 노르웨이와 스웨덴 국민들 사이를 이간질해 댔다. 그리하여 온 나라 국민이 "연합을 해체하자!"고 외쳤다.

아, 어리석은 국민들이여! 그들이 스베굼 영감네 물레방아 옆에서 트롤의 노래를 들을 수 있었다면 좋으련만.

큰까마귀와 사자가 힘을 모아
곰을 궁지에 몰아넣었네.

＊ 로마 신화에서 맨 처음 로마를 세운 로물루스와 레무스 쌍둥이 형제는 늑대의 젖을 먹고 자랐다고 한다.

하지만 둘이 싸움을 시작하자
곰이 둘을 몽땅 잡아먹었다네.

　독립 투쟁인지 내전인지가 벌어질지도 모른다는 소문이 노르웨이 곳곳으로 퍼져 나갔다. 사람들은 비밀리에 모임을 가졌고, 그때마다 돈 많고 말 잘하는 사람들이 나타나 나라의 잘못을 시시콜콜 비난했다. 그리고 만일 노르웨이 국민이 자유를 위해 투쟁하겠다고 결심한다면, 곧바로 강력한 외부 세력이 도와줄 것이라고 했다. 아무도 그 세력자가 누군지 드러내 놓고 말하지 않았다. 사실 그럴 필요도 없었다. 말은 안 해도 다들 알고 있었으니까.

이윽고 진짜 애국자들도 그 말을 믿기 시작했다. 그들은 조국이 지금 잘못된 길로 접어들었다고 생각했고, 외부 세력자야말로 조국을 바로잡을 사람들이라고 여겼다. 그리하여 드높은 명예를 지닌 사람들이 그 세력자의 비밀 요원이 되었다. 온 나라가 벌집을 쑤신 듯 소란스러워지고, 사회 전체가 음모로 들끓었다.

왕은 오로지 국민의 행복을 바랐지만 힘이 없었다. 아무리 정직하고 솔직한 왕이라 한들, 이처럼 폭넓게 벌어지는 음모에 대항해서 무엇을 할 수 있겠는가?

왕의 곁에 있는 관료들마저 잘못된 애국심으로 부패해 있었다. 이들 어리석은 관료들은 자기 나라가 다른 나라 사람의 손에 놀아나고 있는 줄은 꿈에도 몰랐다. 그러니 일반 백성들은 더 말할 나위가 없었다. 그 진짜 목적을 아는 사람은 적에게 시험받고 선택받아 매수된 몇몇 사람뿐이었다. 매수된 사람들의 우두머리는 노를란 지방의 전 행정관이었던 보르그레빙크였다. 그는 노르웨이의 의원이었으며, 뛰어난 재능과 지도자의 기질을 타고난 사람이었다. 몇 가지 부도덕한 행동으로 신뢰를 잃지만 않았어도 진작 수상이 되었을 인물이었다.

야망이 꺾인 그가 자기의 참된 가치를 몰라준다고 투덜대고 있을 때, 외국의 첩자가 슬쩍 손을 내밀자 보르그레빙크는 기꺼이 돕겠다고 나섰다. 처음에는 애국심 때문이라고 스스로 변명했지만, 음모가 서서히 진행되자 더 이상은 변명하지 않았다. 그 거대한 음모에 참가한 사람들 중에 남의 나라를 위해 기꺼이 노르웨이와 스웨덴 연합을 무너뜨리고자 한 사람은 보르그레빙크 말고는 없었을 것이다.

 계획은 빈틈없이 착착 진행되었다. 장교들은 은밀히 '자기 나라의 잘못'을 차근차근 들춰내는 보르그레빙크의 말솜씨에 설득당하고 말았다. 계획을 하나씩 실행할 때마다 보르그레빙크는 우두머리의 지위를 더욱 확고히 다졌다. 그때 보르그레빙크와 외부 세력자 사이에서 보상 문제로 다툼이 일어났다. 외부 세력자는 돈이라면 얼마든지 줄 수 있지만 권력은 절대로 넘겨줄 수 없다고 했다. 둘의 싸움은 점점 더 격렬해졌다.

 보르그레빙크는 모임이란 모임에는 모두 참석하면서 예전보다 훨씬 더 조심스럽게 모든 권력을 자기한테 집중시켰고, 야망을 위해서 필요하다면 다시 왕의 편에 설 준비도 되어 있었다. 그는 자신을 따르는 사람들을 배반함으로써 자기 혼자 무사히 빠져나가려고 했다. 하지만 그러려면 올가미가 필요했다. 보르그레빙크는 사람들을 함정에 빠트리기 위해 사실상 반역 고백서나 다름없는 권리 선언문에 서명을 받기 시작했다.

많은 지도자들을 꾀어서 서명을 받아 낸 뒤, 보르그레빙크는 초겨울에 레르스달소렌에서 열린 모임에 참가했다. 스무 명가량의 애국자들이 모였는데, 하나같이 똑똑하고 힘 있는 사람들이었으며 개중에는 신분이 높은 사람도 있었다. 그들은 좁고 답답한 응접실에서 계획을 짜고 토론하고 질문했다. 후끈한 난로 열기 속에서 사람들은 거창한 희망을 이야기하고 다 함께 그 위대한 일을 이룩하자고 약속했다.

겨울 어둠이 깔린 바깥에는 썰매에 매인 멋진 하얀 순록이 울타리에 기대 엎드려 있었다. 머리를 옆구리에 파묻고 아무 생각 없이 평화롭게 잠든 모습이 마치 소 같았다.

국가의 운명을 결정하는 것은 어느 쪽일까? 집 안에 있는 진지한 사상가들일까, 아니면 밖에서 소와 같은 모습으로 자고 있는 순록일까? 골리앗의 위협에서 이스라엘을 지킨 것은 사울 왕의 천막에 모여 있던 근엄한 장로들이었던가, 아니면 베들레헴의 개울에 돌멩이를 던지던 쾌활한 양치기였던가?

레르스달소렌에서도 똑같은 일이 벌어졌다. 사람들은 보르그레빙크의 유창한 말재주에 속아 넘어가, 올가미에 스스로 머리를 집어넣고 자신의 생명과 조국의 미래를 보르그레빙크의 손아귀에 쥐여 주었다. 이 배신자가 나라를 위해 스스로를 희생하려는 천사인 줄 알고서 말이다.

모두가 속았을까? 아니, 그렇지 않다. 스베굼 영감도 그 자리에 있었다. 스베굼 영감은 읽고 쓸 줄 모른다는 것을 구실 삼아 서명하지 않았다. 비록 책에 쓰인 글씨는 읽을 줄 몰랐지만 사람들의 마음은 잘 읽었던 것이다.

이윽고 모임이 끝나자 스베굼 영감은 악셀 탄베르그에게 넌지시 물었다.

"저 사람도 선언문에 서명했소?"

악셀은 생각지도 못한 질문에 깜짝 놀라며 아니라고 대답했다.

그러자 스베굼 영감이 말했다.

"저자는 믿을 수 없는 사람이오. 뉘스투엔에 있는 사람들한테도 이 사실을 알려 줘야겠소."

뉘스투엔에서는 아주 중요한 모임이 열리기로 되어 있었

다. 하지만 그 사실을 어떻게 알리느냐가 문제였다. 보르그레빙크는 빠른 말들이 끄는 썰매를 타고 당장 그곳으로 갈 터였다.

스베굼 영감은 울타리에 묶여 있는 하얀 순록을 보는 순간 눈을 빛내며 고개를 끄덕였다. 그때 보르그레빙크가 말썰매에 훌쩍 올라타고 쏜살같이 달려 나갔다. 그는 건강하고 힘이 넘치는 사내였다.

스베굼 영감도 순록의 목줄에 달린 방울들을 떼어 내고, 울타리에 순록을 묶어 둔 줄을 푼 다음 썰매에 올라탔다. 그리고는 워워워 외줄 고삐를 흔들며 순록을 몰아 뉘스투엔으로 출발했다.

말들이 워낙 빨리 달렸기 때문에 처음에는 스베굼 영감이 한참 뒤처져서 달렸다. 하지만 동쪽 산을 오르기도 전에 보르그레빙크를 바싹 따라잡았고, 그때부터는 일부러 천천히 달려야 했다.

스베굼 영감은 보르그레빙크가 마리스투엔 숲 위쪽의 모퉁이를 돌아갈 때까지 기다렸다가 길을 벗어나 강가의 평지로 순록을 몰았다. 돌아가는 길이긴 했지만, 앞질러 가려면 그 길로 가는 수밖에 없었다.

끼익, 끽. 끼익, 끽. 넓적한 설피 같은 순록의 발굽에서 규칙적인 소리가 났다. 순록이 일정하게 내뿜는 숨소리는 하르당에르 협만을 지나가는 노를란호에서 나는 소리와도 같았다. 위쪽에서는 왼쪽으로 굽어드는 평탄한 길을 따라 짤랑거리는 말방울 소리와 함께 썰매 몰이꾼이 보르그레빙크의 지시를 받고 고함을 지르며 열심히 뉘스투엔으로 달려가는 소리가 들렸다.

말 썰매가 가는 길은 평탄한 지름길이었지만, 강 계곡으로 가는 길은 멀고도 험했다. 하지만 4시간 뒤 보르그레빙크가 뉘스투엔에 도착했을 때, 사람들 속에는 보르그레빙크가 방금 전 레르스달소렌에서 보았던 얼굴이 섞여 있었다. 기억력이 좋은 보르그레빙크는 그 얼굴을 알아보았지만 대수롭지 않게 넘겼다.

뉘스투엔에서는 아무도 서명을 하려 들지 않았다. 누군가가 경고한 것이다. 문제가 심각했다. 그렇게 중요한 시점에 아주 치명적인 문제였다. 보르그레빙크는 곰곰이 생각하다가 레르스달소렌에서 보았던 무식한 늙은이를 의심했다. 하지만 어떻게 그 늙은이가 빠른 말을 타고 온 자기보다 더 빨리 도착할 수 있단 말인가?

그날 밤 뉘스투엔에서 무도회가 열렸다. 모임을 위장하기 위한 그 무도회에서 보르그레빙크는 하얀 순록이 아주 빠르다는 사실을 알게 되었다.

뉘스투엔 모임은 하얀 순록 때문에 실패했다. 소문이 퍼지기 전에 베르겐에 도착하지 않으면 모든 일이 실패로 돌아갈 판이었다. 보르그레빙크가 맨 먼저 그곳에 도착할 수 있는 방법은 그렇다, 하얀 순록뿐이었다. 이미 레르스달소렌에서 베르겐까지 소문이 퍼졌더라도 이 하얀 순록을 타고 베르겐에 빨리 도착하기만 한다면 별 탈은 없을 것이다. 보르그레빙크는 이 위기를 넘길 수 있다면 조국이라도 팔 작정이었다. 그에게 실패란 절대로 있을 수 없었다. 그는 결코 단념할 줄 모르는 사람이었고, 결국 온갖 영향력을 동원해서 스베굼 영감한테서 하얀 순록을 빌리고야 말았다.

스베굼 영감은 우리 안에서 곤히 자고 있는 하얀 순록을 데리러 갔다. 순록은 천천히 일어서서는 꼬리를 말아서 엉덩이에 찰싹 붙인 뒤 뒷다리를 하나씩 쭉 뻗었다. 그리고 거대한 나뭇가지 같은 뿔에 붙은 건초를 털어 내고는 고삐를 바싹 당겨 쥔 스베굼 영감을 천천히 따라갔다. 하얀 순록은 잠이 덜 깨 느릿느릿 걸었다. 그렇잖아도 마음이 급한 보르그레빙크는 이 모습을 보고 순록을 한 번 걷어찼다가 순록한테서는 짧은 코웃음을, 스베굼 영감한테서는 엄한 경고를 받았다. 보르그레빙크는 그 두 가지를 다 웃어넘겼다. 목줄에 달린 방울이 흔들리며 딸랑거리자, 보르그레빙크는 방울을 떼자고 했다. 소리 없이 목적지에 도착하고 싶었기 때문이다.

스베굼 영감은 자기가 가장 좋아하는 순록을 혼자 보내기 싫었다. 그래서 순록을 뒤따라가기로 되어 있던 말 썰매를 얻어 탔다. 하지만 보르그레빙크는 이미 스베굼 영감을 태운 썰매 몰이꾼에게 되도록이면 천천히 따라오라고 지시해 둔 터였다.

이윽고 보르그레빙크는 꼬임에 넘어간 수많은 사람들의 생명을 빼앗을 수도 있는 문서를 품에 넣고 하얀 순록이 끄는 썰매에 앉았다. 그리고 악마 같은 계획과 그 계획을 실행할 수 있는 힘으로 노르웨이의 운명을 손아귀에 쥐고서 파멸이라는 임무를 다하기 위해 새벽길을 달려 나갔다.

하얀 순록은 스베굼 영감의 명령에 두세 번 펄쩍펄쩍 뛰면서 출발했는데, 그 바람에 보르그레빙크는 썰매 뒤쪽으로 벌렁 나자빠졌다. 보르그레빙크는 화가 불끈 치밀었지만, 하얀 순록이 말보다 앞서 나가는 것을 보고는 분노를 삼켰다. 보르그레빙크는 고래고래 소리치며 고삐를 흔들어 댔고, 순록은 넓적한 발굽으로 따가닥따가닥 소리를 내며 겅중겅중 뛰어갔다.

　하얀 순록은 싸늘한 아침 공기 속에서 규칙적으로 콧김을 내뿜으며 차분히 자신의 속력을 되찾았다. 썰매가 눈밭을 가르며 나아가자, 사람이고 썰매고 온통 눈가루를 뒤집어썼다. 이윽고 말방울 소리가 멀어지자, 순록의 왕인 하얀 순록의 소처럼 커다란 눈동자는 승리의 기쁨과 달리는 즐거움으로 반짝거렸다.

거만하기 짝이 없는 보르그레빙크도 그 고귀한 동물을 흐뭇하게 바라보았다. 비록 어제는 자신을 방해했지만, 오늘은 빠른 발로 자신을 도와주고 있으니까. 그는 말이 끄는 썰매보다 몇 시간 먼저 베르겐에 도착할 작정이었다.

하얀 순록이 오르막에서도 내리막과 다름없이 빠른 속도로 달리자, 보르그레빙크는 신이 났다. 썰매는 눈밭을 쉭쉭 가르며 쉴 새 없이 나아갔고, 나는 듯이 빠른 순록의 발굽 아래서 얼어붙은 눈이 이빨을 갈듯이 빠드득거렸다.

이윽고 썰매는 뉘스투엔 언덕에서 달레카르 언덕까지 뻗은 평탄한 길로 접어들었다. 이른 아침에 우연히 창문을 내다보던 꼬마가 마치 서리 거인 이야기 속의 한 장면처럼 거대한 하얀 순록이 하얀 눈을 뒤집어쓴 썰매 몰이꾼과 하얀 썰매를 끌고 쏜살같이 내달리는 광경을 보고 손뼉을 치면서 "와, 멋지다, 멋져!" 하고 소리쳤다.

하지만 꼬마의 할아버지는 방울 소리도 없이 바람처럼 달려가는 하얀 순록을 보는 순간 왠지 머리털이 쭈뼛 서는 것을 느꼈다. 노인은 얼른 촛불을 켜서 해가 중천에 뜰 때까지 창가에 두었다. 이 순록은 요툰헤임의 하얀 순록이 틀림없었다.

하얀 순록은 씽씽 달렸고, 보르그레빙크는 오로지 베르겐만 생각하며 고삐를 흔들었다. 보르그레빙크가 고삐 끝자락으로 하얀 순록을 때리자, 하얀 순록은 우렁차게 콧김을 세 번 내뿜고는 펄쩍펄쩍 세 번 뛰더니 속도를 높였다. 뒤르스케우르를 지날 때, 그 끄트머리에 거인처럼 우뚝 선 산 위로 무거운 눈구름이 걸려 있었다. 눈보라가 몰려오고 있다는 뜻이었다. 그 사실을 잘 아는 하얀 순록은 킁킁 냄새를 맡더니 걱정스레 하늘을 쳐다보며 속도를 살짝 늦추었다. 그러자 보르그레빙크는 이미 충분히 빨리 달리고 있던 순록에게 악을 쓰며 한 번, 두 번, 세 번, 연거푸 채찍질을 해 댔다.

썰매는 증기선이 일으키는 파도에 휩쓸린 조각배처럼 정신없이 내달렸다. 이윽고 순록의 눈에 핏발이 섰다. 썰매는 균형을 잃고 자꾸 기우뚱거렸다. 1킬로미터를 1미터처럼 순식간에 지나쳐, 마침내 스베굼 영감네 다리에 이르렀을 무렵 눈보라가 치기 시작했다. 그때 트롤이 어디선가

불쑥 나타나 다리 한가운데에서 팔짝팔짝 뛰며 노래를 불렀다.

숨어 있는 트롤과 달리는 순록
노르웨이의 운명과 노르웨이의 행운

구불구불한 길을 달리느라 모퉁이를 돌 때마다 썰매가 안쪽으로 쏠렸다. 다리 위에서 웬 노랫소리가 들리자 하얀 순록은 귀를 뒤로 젖히고 걸음을 늦추었다. 그 소리를 듣지 못한 보르그레빙크는 순록을 사정없이 때렸다.

소처럼 순하던 순록의 눈동자가 붉게 빛났다. 하얀 순록은 화가 나서 씩씩대며 거대한 뿔을 흔들어 댔지만, 멈춰서서 자기를 때린 사람에게 복수를 하지는 않았다. 더 큰 복수가 남아 있었기 때문이다.

하얀 순록은 여전히 빠른 속도로 달렸지만, 더 이상 보르그레빙크의 말을 듣지 않았다. 하얀 순록을 얌전하게 만들 수 있는 것은 스베굼 영감뿐이었다.

썰매는 다리에 도착하기 전에 갑자기 핑그르르 돌며 길에서 벗어났다. 썰매가 한 번 뒤집혔다가 다시 똑바로 섰다. 썰매에 끈이 달려 있지 않았다면, 보르그레빙크는 썰매 밖으로 튕겨 나가 목숨을 잃었을 것이다.

하지만 그렇게 간단히 끝나지는 않았다. 노르웨이의 모든 저주가 단 하나의 목적을 위해 그 썰매로 모여든 양, 보르그레빙크는 여기저기 부딪쳐 멍이 들어도 계속 달려갈 수밖에 없었다. 다리에 있던 트롤이 하얀 순록의 머리 위로 살짝 뛰어올라 뿔을 잡고는 춤을 추며 노래를 불렀다. 예전부터 부르던 노래에 더해, 새 노래도 불렀다.

하! 드디어 행운의 날이 왔다!
노르웨이의 저주가 말끔히 거두어지는구나!

보르그레빙크는 겁도 나고 화도 났다. 그래서 눈밭을 뛰어가는 순록에게 더욱 세차게 채찍질을 하면서 어떻게든 고분고분하게 만들려고 했지만 헛일이었다. 보르그레빙크는 공포에 사로잡혀 제정신이 아니었다. 그는 결국 칼을 꺼내 순록 뒷다리 힘줄을 자르려고 했다. 하지만 오히려 순록의 뒷발에 걷어차여 칼을 떨어뜨리고 말았다.

썰매의 속도는 아까와는 비교도 할 수 없을 만큼 빨라졌다. 하얀 순록은 다섯 걸음쯤 되는 거리를 단번에 펄쩍펄쩍 뛰면서 미친 듯이 내달렸다. 사악한 보르그레빙크는 홀로 썰매에 옴짝달싹 못 하게 갇힌 채 머리칼을 쥐어뜯으며 고래고래 소리를 지르다가, 저주를 퍼붓기도 하고 기도를 하기도 했다.

눈이 시뻘겋게 충혈된 순록은 콧김을 거칠게 내뿜으며 울퉁불퉁한 산비탈을 올라가, 눈보라가 몰아치는 거친 호이피엘까지 달려갔다. 하얀 순록은 바다제비가 집채만 한 파도를 타고 넘듯이 언덕을 오르고, 풀마갈매기가 바닷가를 날듯이 평지를 지나갔다. 지금 하얀 순록이 가는 길은 그 옛날 물레방아 둑의 으슥한 빈터에서 처음 세상에 태어나 비틀거리는 걸음으로 어미 순록을 따라나섰던 바로 그 길이었다.

하얀 순록은 지난 5년 동안 다니던 낯익은 길을 따라갔다. 그곳은 하얀 날개를 가진 뇌조가 날아다니고, 눈에 덮여 하얗게 빛나는 까만 바위산들이 하늘을 가리고 우뚝우뚝 솟은 곳이며, '순록이 자신의 신비를 찾는 곳'이었다.

하얀 순록은 거센 바람 앞에서 춤추듯 나부끼는 눈송이의

순록의 왕 하얀 순록이 내달리는 모습.

화환처럼 달렸다. 길목을 지키는 두 거인처럼 우뚝 솟은 술레틴산과 토르홀멘브레산 너머로 부는 회오리바람처럼 달렸다. 어떤 사람도 동물도 따라올 수 없을 만큼 빨리, 높이높이, 위로, 위로 올라갔다. 아무도 그 모습을 보지 못했다. 썰매 뒤에서 내리꽂히듯 날아와 전혀 큰까마귀답지 않게 날아간 큰까마귀 한 마리를 빼고는. 물레방아 옆에서 노래하던 바로 그 트롤이 하얀 순록의 뿔 사이에서 춤추며 이렇게 노래했다.

하얀 순록은 행운, 행운
노르웨이의 행운을 싣고 달려온다네.

하얀 순록은 날아가는 구름처럼 트비네호우그를 넘어 어둑한 황무지, 사악한 정령들의 고향이자 만년설의 땅인 요툰헤임으로 아득히 사라졌

다. 하얀 순록과 보르그레빙크의 흔적이나 발자취는 눈보라에 지워졌고, 그들이 어떻게 되었는지는 아무도 모른다.

노르웨이 국민들은 마치 끔찍한 악몽에서 깨어난 것 같았다. 다행히 노르웨이는 파멸을 피했고, 증거가 없었기 때문에 죽은 사람도 없었다. 그리고 배신자의 이간질도 끝이 났다.

하얀 순록은 전설처럼 사라졌고, 남은 것은 순록의 목에 걸려 있던 은방울들뿐이었다. 방울 하나하나가 승리의 기록이었다. 스베굼 영감은 무슨 일이 일어났는지 깨닫고는 한숨을 쉬며 은방울들이 달린 목줄에 마지막으로 가장 큰 방울을 달았다.

나라를 팔아먹으려고 했던 사내와 그것을 막은 하얀 순록은 다시 나타나지 않았고 소식도 들리지 않았다. 하지만 요툰헤임 근처에 사는 사람들은 바람이 불고 눈보라가 칠 때면, 이따금 사나운 눈빛을 한 거대한 하얀 순록이 눈처럼 새하얀 썰매를 끌고 무시무시한 속도로 달려가는 모습을 본다고 한다. 흰 눈을 뒤집어쓴 채 비명을 질러 대는 악당을 태우고 달려가는 모습을. 그리고 하얀 순록의 머리 위에는 갈색 옷을 입고 하얀 수염을 기른 트롤이 순록에게 고개를 끄덕이고 싱글벙글 웃으면서 노래를 부른다고 한다.

노르웨이의 행운이여
하얀 순록이여—

그 옛날 자작나무들이 새싹을 틔우고 눈이 순한 커다란 암순록이 홀로 왔다가 천천히, 점잖게 걷는 하얀 새끼 순록과 함께 돌아가던 때, 스베굼 영감의 둑 옆에서 트롤이 부르던 예언의 노래와 똑같은 노래를.

The Boy and The Lynx
소년과 스라소니

1

소년

이제 갓 열다섯 살이 된 소년 소번은 사냥을 매우 좋아했다. 처음 사냥을 하는 사람이라면 누구나 그렇겠지만, 그즈음 소년은 유달리 사냥에 열중했다. 숲속 빈터에는 언제나 푸른 케이저널 호수를 건너 날아온 들비둘기 떼가 있었다. 비둘기들은 산불을 기념하듯 빈터 옆에 서 있는 거대한 고목나무 가지에 줄지어 앉아 소년을 유혹했다. 소년은 몇 시간이고 비둘기들을 쫓아다녔지만 번번이 허탕만 쳤다. 비둘기들은 구식 산탄총* 탄알이 어디까지 날아갈 수 있는지 정확히 아는 것 같았다. 소년이 총을 쏠 수 있을 만큼 가까

---

* 안에 작은 탄알이 많이 들어 있는 탄알을 쏘아, 탄알이 한꺼번에 터져 나오게 만든 총. 주로 새나 작은 짐승을 사냥할 때 쓴다.

이 다가갈라치면 비둘기들은 요란하게 푸드덕거리며 날아갔다.

어느 날 작은 비둘기 떼가 통나무집 근처의 키 작은 나무숲에 띄엄띄엄 내려앉았다. 소번은 몸을 숨기고 살금살금 다가가, 가까이에 있는 비둘기를 겨누어 총을 쏘았다. '탕!' 하는 소리와 함께 비둘기가 떨어졌다. 소번이 사냥감을 가지러 뛰어가는 순간, 키 큰 젊은이가 성큼성큼 걸어와 비둘기를 집어 들었다.

"코니 형! 그건 내 새야!"

"뭐, 네 새라고? 네 새는 분명히 저쪽으로 날아갔어. 나는 새들이 여기 앉는 걸 보고 이 총으로 분명히 맞혔단 말이야."

자세히 살펴보니 비둘기 몸에는 산탄총 탄알뿐 아니라 일반 소총 탄알도 박혀 있었다. 두 사냥꾼이 똑같은 비둘기한테 총을 쏜 것이다. 식량은 물론이고 탄약도 귀한 깊은 숲속에서 총알을 낭비한 게 무척 아깝기는 했지만, 둘은 즐겁게 농담을 나누었다.

코니는 키가 180센티미터나 되는 훤칠한 아일랜드계 캐나다 청년이었다. 코니는 소번을 데리고 오두막으로 돌아갔다. 비록 변변한 가구 하나 없는 집이었지만, 고단한 생활 속에서 기쁨을 주는 안식처였다. 코니네 식구들은 캐나다의 미개척 삼림 지대에서 나고 자랐지만, 호탕하고 재치 있기로 유명한 아일랜드인의 기질을 고스란히 간직하고 있었다.

코니는 대가족의 맏아들이었다. 부모님은 남쪽으로 40킬로미터 떨어진 피터세이에서 살았다. 코니는 나라에서 팔려고 내놓은 땅을 사들여 페네봉크 숲에서 벤 나무로 오두막을 지었다. 코니의 다 자란 여동생들, 차분하고 믿음직한 마거트와 밝고 재치 있는 루가 그곳에서 함께 살며 살림을 맡았다.

소번 앨더는 그 집에 잠시 쉬러 온 손님이었다. 소번네 가족은 큰 병에 걸렸다가 이제 막 회복한 소번을 코니네 남매들처럼 건강해지기를 바라는 마음으로 이 불편한 숲속으로 보낸 것이다.

　다듬지 않은 통나무로 지은 코니네 집은 마룻바닥도 없었고, 지붕에는 잔디와 잡초가 무성한 뗏장을 얹어 놓았다. 통나무 오두막 주위에는 울창한 원시림이 있었다. 숲의 한쪽에는 남쪽의 피터세이로 이어지는 울퉁불퉁한 길이 나 있고, 다른 쪽에는 기슭에 조약돌이 깔린 아름다운 호수가 있었다. 호수 너머 6킬로미터 떨어진 곳에 오두막이 또 한 채 어렴풋이 보였는데, 그 집이 코니네 집에서 가장 가까운 이웃집이었다.

　생활은 더없이 단조로웠다. 코니는 늘 첫새벽에 일어나 불을 피우고 여동생들을 깨웠으며, 여동생들이 아침을 준비하는 동안 말에게 여물을 주었다. 6시면 아침을 다 먹고 일을 하러 나갔다. 샘 위로 고목 그림자가 드리우면 마거트는 한낮이라는 것을 알고 점심때 먹을 시원한 물을 길었고, 루는 장대에 하얀 헝겊 조각을 매달았다. 그러면 코니는 그 헝겊을 보고 밭이나 목초지에서 돌아왔다. 우직한 일꾼처럼 지저분하긴 했지만 사내답게 검게 그을린 건강한 얼굴로 말이다.

소번은 온종일 멀리 나가 있기도 했지만, 온 가족이 식탁 앞에 모이는 저녁이면 호수나 먼 산등성이에서 돌아와 함께 식사를 했다. 저녁 식사는 아침이나 점심과 다를 바가 없었다. 코니네 식구들은 날마다 하는 일이 똑같은 것처럼 끼니마다 먹는 것도 똑같았으니까. 식탁에는 어김없이 돼지고기, 빵, 감자 그리고 차가 나왔다. 이따금 조그만 통나무 마구간 주위를 돌아다니는 암탉 열두 마리가 낳은 달걀이 식탁에 오를 때도 있었지만, 들짐승 고기를 먹는 경우는 드물었다. 코니는 밭일을 하느라 사냥할 짬이 거의 없었고 소번은 사냥이 서툴렀기 때문이다.

2

스라소니

 모든 나무가 그렇듯이, 줄기 지름이 120센티미터나 되는 커다란 피나무가 죽음을 맞았다. 죽음의 신은 너그럽게도 세 번이나 예고를 했다. 이 나무는 같은 종류 가운데 가장 컸고, 자식들도 다 자랐으며, 속도 텅 비어 있었다. 마침내 그 나무는 겨울바람에 부러져 텅 빈 속을 드러내며 양지바른 빈터 한복판에 긴 동굴처럼 누웠다. 그리고 속이 빈 그 나무줄기는 새끼를 키울 아늑한 보금자리를 찾던 스라소니한테 더없이 좋은 집이 되어 주었다.

 이 스라소니는 늙고 쇠약했다. 올해는 스라소니들이 살기 힘들었다. 지난해 가을에 전염병이 돌아 스라소니의 주식인 토끼가 거의 몰살당하다시피 했고, 겨울에는 많은 눈이 갑자기 얼어붙는 바람에 들꿩들이 떼죽음을 당했다. 또 올봄에는 장마가 져서 그나마 남아 있던 작은 새들이 떼로 죽었고, 연못과 강물이 많이 불어난 탓에 물고기와 개구리를 잡아먹기도 어려웠다. 그러니 여느 스라소니와 마찬가지로 이 어미 스라소니도 형편이 어려울 수밖에 없었다.

 어미 스라소니는 태어나기 전부터 굶주렸던 새끼들이 두

배로 짐스러웠다. 새끼들한테 매여 사냥할 시간이 모자랐기 때문이다.

북부 지방의 토끼는 스라소니가 가장 좋아하는 먹이였다. 운이 좋으면 하루에 50마리까지 잡을 수 있었는데, 올해는 전염병으로 다 죽어 한 마리도 잡지 못했다.

어미 스라소니는 텅 빈 통나무에 뛰어들었다가 갇힌 붉은 청설모를 잡아먹기도 했고, 냄새가 고약한 검정 뱀으로 겨우 끼니를 때운 적도 있었다. 아무것도 못 잡은 날이면, 새끼들은 마른 젖을 물고 애처롭게 낑낑댔다.

어느 날 스라소니는 불쾌하지만 익숙한 냄새를 풍기는 커다란 검은 짐승, 호저를 보았다. 스라소니는 소리 없이 재빨리 덤벼들었다. 코를 후려치긴 했지만, 호저가 머리를 처

어느 날 어미 스라소니는 호저를 발견했다.

박고 꼬리를 휘두르는 바람에 따가운 가시에 열두 군데나 찔렸다.

스라소니는 가시를 이빨로 죄다 뽑아냈다. 몇 년 전에 이미 '호저에 대해서 배웠기' 때문이다. 그렇게 굶주리지 않았다면 공격할 생각은 하지도 않았을 것이다.

그날 어미 스라소니는 개구리 한 마리밖에 잡지 못했다. 다음 날 다시 사냥에 나선 스라소니는 숲 건너편까지 오랫동안 힘들게 돌아다니다가 독특한 소리를 들었다. 처음 들어 보는 소리였다. 바람을 안고 조심스레 다가가자, 새로운 냄새들이 나고 낯선 소리들이 더 많이 들렸다. 어미 스라소니가 숲속 빈터에 들어섰을 때도 그 꾸르륵 하는 또렷하고 떠들썩한 소리는 여전했다.

빈터 한복판에는 사향뒤쥐나 비버의 집과 비슷하게 생겼지만 지금까지 본 집들과는 비교도 안 될 만큼 어마어마하게 큰 집이 두 개 있었다. 게다가 그것들은 연못이 아니라 마른 둔덕에 있었고, 군데군데 통나무를 써서 지은 집이었다. 그 주위에서는 많은 들꿩들이, 아니 들꿩과 비슷하지만 몸집이 좀 더 크고 붉은색, 누런색, 흰색 등 색깔이 다양한 새들이 돌아다녔다.

스라소니는 신출내기 사냥꾼이 사냥감을 보았을 때와 같은 짜릿한 흥분에 몸을 떨었다. 먹이가 이렇게 많다니. 사

냥꾼은 납작 엎드렸다. 팔꿈치가 등보다 높이 올라올 만큼 가슴을 땅바닥에 딱 붙인 채 조심조심, 살금살금 다가갔다. 무슨 일이 있어도 한 마리는 잡아야 했다. 기술이란 기술은 다 동원하고, 결코 실수해서는 안 된다. 몇 시간이 걸린다 해도, 아니 하루가 꼬박 걸린다 해도 사냥감이 날아가기 전에 잡을 수 있도록 가까이 접근해야 했다.

거대한 사향뒤쥐의 집까지는 몇 발짝만 뛰면 닿을 수 있는 거리였지만, 어미 스라소니는 그 짧은 거리를 한 시간째 기어갔다.

바닥에 납작 엎드린 채 그루터기에서 관목 숲으로, 통나무에서 풀 더미로 살금살금 다가간 덕분에 들꿩들한테 들키지 않았다. 들꿩들은 곳곳에서 모이를 쪼고 있었고, 가장 큰 들꿩은 어미 스라소니가 맨 처음 들었던 힘찬 울음소리를 냈다. 한순간 들꿩들도 위험을 느끼고 경계했지만, 아무리 기다려도 별일이 생기지 않자 두려움을 거두었다. 이제 들꿩들은 손에 잡힐 듯 가까워졌다. 어미 스라소니는 텅 빈 위장과 사냥꾼의 본능 때문에 흥분으로 온몸을 파르르 떨었다. 스라소니는 하얀 놈을 뚫어지게 바라보았다. 그 들꿩이 가장 가까이 있지는 않았지만, 색깔이 눈에 확 띄었던 모양이다.

사향뒤쥐의 집 주위는 탁 트인 풀밭이었다. 바깥쪽에는 키 큰 잡초들이 자라고 곳곳에 그루터기가 흩어져 있었다. 하얀 새는 잡초 사이를 종종거리며 돌아다녔고, 붉은 새는 둔덕 꼭대기로 날아올라 아까처럼 목청껏 노래했다.

어미 스라소니는 그것이 경계 신호인 줄 알고 몸을 더욱

낮추었다. 하지만 아니었다. 하얀 새는 여전히 그 자리에 있었다. 잡초 사이로 하얀 깃털이 언뜻 비쳤다. 이제 탁 트인 곳이 나왔다. 사냥꾼은 빈 가죽 자루처럼 납작 엎드린 채 소리 없이 천천히 기어가다가 자기 몸만큼 굵은 통나무 뒤에 숨었다. 관목 숲까지만 갈 수 있다면, 잡초 사이에 숨어 있다가 펄쩍 뛰어올라 덮칠 수 있다. 가까이에서 새들의 냄새가 풍겨 왔다. 짙고 강렬한 생명의 냄새, 피와 살 냄새에 어미 스라소니는 온몸이 짜릿해지고 눈동자에서 빛이 났다.

들꿩들은 여전히 땅을 파헤치며 모이를 쪼았다. 또 한 마리가 둔덕으로 날아올랐지만, 흰 놈은 그대로 남아 있었다. 어미 스라소니는 스르르 미끄러지듯 소리 없이 다섯 발짝쯤 다가가 잡초 뒤에 숨었다. 잡초 사이로 눈부신 흰빛의 새가 보였다. 스라소니는 거리를 가늠하고 발밑을 살피며 떨어진 나뭇가지들을 뒷다리로 치웠다. 다음 순간 온 힘을 다해 하얀 들꿩을 덮쳤다. 무서운 잿빛 그림자가 번개같이 덮친 탓에 새는 자기가 죽는 줄도 몰랐다. 스라소니는 다른 새들이 눈치채기도 전에 꿈틀대는 하얀 새를 물고 사라졌다.

사나운 스라소니는 기분이 좋으면서도 괜스레 크르렁거리며 숲속으로 뛰어 들어가, 벌처럼 날래게 집으로 향했다. 희생자의 따뜻한 몸에서 마지막 떨림이 사라졌을 때, 앞쪽에서 쿵쿵 발소리가 들렸다.

어미 스라소니는 통나무 위로 뛰어올랐다. 새의 날개가 눈앞을 가리자, 스라소니는 먹이를 내려놓고 한 발로 단단히 눌렀다. 발소리가 점점 가까워지더니, 한 소년이 덤불을 헤치고 나타났다. 스라소니는 그 종족을 알고 있었고 미워했다. 밤에 그들을 보고 따라갔다가 쫓겨서 상처를 입은 적도 있었다.

한순간 스라소니는 소년과 마주 보고 섰다. 그러고는 덤빌 테면 덤비라는 듯이 캬르릉 경고음을 내고는, 다시 새를 물고 통나무에서 뛰어내려 으슥한 덤불로 들어갔다. 보금자리는 3, 4킬로미터나 떨어져 있었지만, 어미 스라소니는 양지바른 빈터와 커다란 피나무가 보일 때까지 먹이를 먹지 않았다. 마침내 보금자리에 이른 어미 스라소니는 '크르르, 크르르' 하며 나지막한 소리로 새끼들을 불렀다. 새끼들이 뛰어나오자, 어미 스라소니는 새끼들과 함께 맛있는 먹이로 신나게 배를 채웠다.

3

스라소니의 집

읍내에서 자란 소번은 처음에는 엄두가 나지 않아 코니의 도끼질 소리가 들리지 않는 먼 곳까지 가지 못했다. 그러다가 하루 이틀이 지나자 나무에 낀 이끼처럼 미덥지 못한 표시 대신 해와 나침반과 주위 풍경의 특징을 길잡이로 삼을 수 있게 되면서 깊은 숲속까지 들어갔다.

  소번은 사냥보다는 야생 동물에 대해 배우는 데 더 관심이 많았다. 하지만 원래 박물학자*와 사냥꾼은 종이 한 장 차이였고, 총은 늘 그들의 동반자였다. 오두막 주위에 동물이라고는 통통한 우드척**뿐이었다. 우드척은 오두막에서 몇백 미터 떨어진 그루터기 밑에 굴을 파고 살았다. 화창한 아침이면 우드척은 그루터기 위에 드러누워 햇볕을 쬐

---

* 동물, 식물, 광물 등 자연의 여러 분야에 대해 두루 연구하는 학자.
** 북아메리카에 사는 다람쥣과 동물. 굴을 파고 살며 겨울잠을 잔다.

었다. 하지만 숲의 동물들은 기분 좋게 지낼 때조차 마음을 놓지 않는다. 우드척은 낌새가 조금만 이상해도 달아났기 때문에, 소번은 총을 쏘거나 덫을 놓을 때마다 번번이 실패했다.

어느 날 아침 코니가 말했다.

"어디, 싱싱한 고기 좀 먹어 볼까?"

그러더니 총구멍이 작고 놋쇠가 입혀진 구식 소총을 꺼냈다. 코니는 명사수답게 조심스레 총알을 넣고는 총이 흔들리지 않도록 문기둥에 바짝 붙어 서서 방아쇠를 당겼다. 우드척은 뒤로 벌렁 나자빠지더니 움직이지 않았다. 소번이 뛰어가서 우드척을 들고 돌아오며 신나게 소리쳤다.

"정확히 머리를 맞혔어. 100미터나 떨어져 있었는데."

흐뭇해진 코니는 저절로 벌어지는 입을 애써 다물었지만 그 순간 초롱초롱한 눈동자가 조금 더 밝게 빛나는 것을 감추지는 못했다.

코니가 괜히 우드척을 죽인 것은 아니었다. 그놈이 굴 주위에서 자라는 농작물을 망쳐 놓았기 때문이었다. 어쨌거나 그 덕분에 식구들은 우드척 고기를 한 끼 이상 배불리 먹었다. 코니는 소번에게 가죽 다루는 법도 가르쳐 주었다. 우선 가죽을 꼬박 하루 동안 활엽수 나뭇재에다 묻어 놓는다. 이렇게 해서 털이 빠지면 다시 묽은 비눗물에 사흘간

담가 둔다. 그런 다음 손으로 싹싹 빨아서 말리면 하얗고 질긴 가죽이 된다.

 소변은 언제나 놀라움을 안겨 주는 숲속의 신비를 찾아 점점 더 멀리까지 돌아다녔다. 허탕 친 날도 많았지만 사건이 잇따라 벌어진 날도 있었다. 뜻밖의 사건을 만나는 것, 이것이야말로 사냥의 가장 독특한 특징이자 한결같은 매력이다.

 어느 날 소변은 한 번도 가 보지 않은 쪽의 산등성이를 넘어 멀리까지 갔다가 거대한 피나무가 쓰러져 있는 빈터를 발견했다. 나무가 워낙 커서 기억에 남았다. 소변은 빈터

에서 서쪽으로 1.5킬로미터쯤 떨어진 호수에 갔다가 20분 뒤에 다시 그 자리로 돌아왔다. 그때 어느 솔송나무 위, 땅에서 9미터쯤 되는 높이의 가지에 시커멓고 거대한 동물이 있는 것을 보았다. 곰이다! 여름 내내 담력을 시험할 기회를 기다리던 소번에게 드디어 때가 찾아온 것이다. 만약 이런 상황이 닥친다면 자신이 어떻게 행동할지 얼마나 궁금했던가.

소번은 그 자리에 선 채로 오른쪽 주머니에 손을 넣어 큰 산탄 서너 발을 꺼냈다. 사슴 같은 큰 짐승을 잡을 때 쓰는 탄알인데, 혹시 몰라서 가지고 다녔다. 산탄을 이미 총 안에 들어 있던 새 사냥용 탄알 위에 넣고는 탄알 마개를 밀어 넣어 고정했다.

곰은 움직이지 않았다. 곰의 머리는 보이지 않았지만, 소년은 곰을 찬찬히 살펴보았다. 그다지 큰 곰은 아니었다. 아니, 아주 작은, 아주 작은 놈이었다. 새끼 곰? 그래, 새끼 곰이다! 그렇다면 근처에 어미 곰이 있을지도 모른다. 소번은 겁을 먹고 주위를 둘러보았지만 어미의 기척은 없었다. 소번은 총을 겨누고 쏘았다.

놀랍게도 그 동물이 쿵 떨어져 죽었다. 하지만 그것은 곰이 아니라 덩치 큰 호저였다. 쓰러진 호저를 신기한 듯 살펴보던 소년은 곧 후회했다. 해롭지 않은 동물을 죽일 생각은 없었기 때문이다. 호저의 괴상한 얼굴에 길게 할퀸 자국이 두세 개 있는 것으로 보아, 호저의 적은 비단 소년만이 아닌 듯했다.

　소년은 호저한테서 고개를 돌린 순간 바지에 묻은 피를 발견했다. 왼손에서 피가 나고 있었다. 무심결에 호저 가시에 찔려 심한 상처를 입은 것이다. 안타깝게도 소년은 호저를 그냥 두고 올 수밖에 없었다. 나중에 루가 그 사실을 알고는 "털로 안감을 댄 겨울 망토가 필요했는데." 하며 호저 가죽을 써먹지 못한 것을 아쉬워했다.

　하루는 소번이 총을 두고 집을 나섰다. 지난번에 눈여겨봐 둔 신기한 식물을 채집할 생각이었다. 그 식물은 빈터 근처, 쓰러진 느릅나무가 있는 곳에 있었다.

　소번이 그곳으로 가까이 갔을 때, 독특한 소리가 들리더니 통나무 위에서 뭔가 움직이는 것 두 개가 언뜻언뜻 보였다. 눈앞을 가리는 나뭇가지를 들어 올리고 살펴보니 커다란 스라소니의 머리와 꼬리였다. 스라소니도 소번을 잔뜩 노려보면서 크르렁거렸다. 스라소니 발밑에는 하얀 새가 있었는데, 자세히 보니 그것은 코니네 집의 귀중한 암탉이었다.

　사납고 잔인하기 짝이 없는 스라소니 같으니라고! 소번은 그 스라소니가 밉고 분해서 이가 부득부득 갈렸다. 하필이면 처음으로 총을 안 들고 나온 날 이렇게 좋은 기회가 찾아오다니.

소번은 조금도 겁을 먹지 않고 어떻게 해야 할지 궁리했다. 스라소니는 소리 높여 크르렁댔다. 그러고는 짤막한 꼬리를 잠깐 심술궂게 꿈틀거리더니, 희생양을 물고 통나무에서 뛰어내려 어디론가 사라져 버렸다.

그해 여름에는 비가 몹시 많이 내려서 온 땅이 축축했다. 그 덕분에 이 어린 사냥꾼은 땅이 말라 있었다면 전문가도 찾지 못했을 발자국을 추적할 수 있었다.

어느 날 소번은 숲속에서 돼지 발자국 같은 것을 발견했다. 발자국은 쉽게 따라갈 수 있었다. 두 시간 전에 내린 폭우로 다른 발자국들이 모두 씻겨 내려간 다음에 새로 생긴 발자국이었기 때문이다.

발자국을 따라 800미터쯤 가니 탁 트인 협곡이 나왔다. 소번은 협곡 꼭대기에서 하얀 것이 번개처럼 협곡을 건너가는 것을 보았다. 잠시 뒤 소번의 예리한 눈에 신기한 듯 자신을 바라보는 어미 사슴과 점박이 새끼 사슴이 들어왔다. 소번은 사슴을 뒤쫓던 중이었지만 별로 놀라지는 않았다. 그저 입을 딱 벌리고 바라보기만 했다. 그동안 어미 사슴이 돌아서서 위험하다는 신호로 하얀 꼬리를 치켜들고 가볍게 뛰어가자, 새끼도 곧 뒤따라갔다. 두 사슴은 낮은 나무줄기들을 사뿐히 뛰어넘더니, 머리 위로 낮게 드리운 통나무 앞에 이르러서는 고양이처럼 유연하게 몸을 구부리고 통나무 아래로 지나갔다.

그 뒤로 소번은 어미 사슴과 새끼 사슴을 쏠 기회를 두 번 다시 잡지 못했지만, 그때 그 발자국 두 쌍은 여러 번 보았다. 소번이 똑같은 발자국이라고 생각한 이유는 그 당시처럼 숲이 울창할 때는 사슴이 매우 귀했기 때문이었다. 나중에 나무를 더 많이 베어 내어 곳곳에 빈터가 생겼을 때 오히려 사슴을 더 자주 볼 수 있었다.

소번은 그 어미 사슴과 새끼 사슴이 함께 있는 모습은 다시 보지 못했지만, 어미 사슴이 혼자 있는 모습은 한 번 보았다. 아마 그 어미 사슴이었을 것이다. 어미 사슴은 땅에 코를 바싹 대고 냄새를 맡으며 온 숲을 돌아다녔다. 뭔가를 찾고 있는 듯, 몹시 초조하고 불안해 보였다.

그때 소번은 코니가 가르쳐 준 속임수를 떠올렸다. 소번은 살그머니 허리를 숙이고 넓은 풀잎을 하나 따서 양손 엄지손가락 사이에 끼우고 입으로 불었다. 그러자 이 간단하게 만든 호루라기에서 어미를 찾는 새끼 사슴의 울음소리와 똑같은 짧고 날카로운 소리가 났다. 멀리 떨어져 있던 어미 사슴이 대번에 소번 쪽으로 뛰어왔다. 하지만 소번이 총을 뽑아 드는 것을 보고는 걸음을 멈추었다. 목덜미의 털이 살짝 곤두서 있었다. 어미 사슴은 코를 벌름거리며 미심쩍다는 듯이 소번을 바라보았다.

소번은 어미 사슴의 커다랗고 순한 눈빛에 마음이 약해져서 차마 총을 쏠 수가 없었다. 어미 사슴은 조심스레 한 걸음 다가왔다가 무시무시한 적의 냄새를 맡고는 소번의 동정심이 사라지기 전에 큰 나무 뒤로 도망쳤다.

소번이 중얼거렸다.

"가엾어라. 새끼를 잃어버린 모양이구나."

그날 소번은 숲속에서 또다시 그 스라소니를 보았다. 가

없은 어미 사슴을 만난 지 30분 뒤였다. 소번은 오두막에서 북쪽으로 몇 킬로미터 떨어진 기다란 산등성이를 가로질러 가고 있었다. 거대한 피나무가 쓰러져 있는 빈터를 지날 무렵, 꼬리가 짧은 커다란 새끼 고양이 같은 동물이 나타나 순진한 눈빛으로 소번을 바라보았다.

소번은 여느 때처럼 총을 들었지만, 새끼 스라소니는 고개만 갸웃거릴 뿐 겁도 없이 소번을 말끄러미 쳐다보았다. 그리고 또 한 마리가 나타나더니, 제 형제의 꼬리를 툭툭 건드려 싸움을 걸면서 놀기 시작했다.

소번은 총을 쏘려던 것도 잊고 새끼 스라소니들이 장난치는 모습을 바라보았다. 하지만 곧 스라소니에 대한 미움이 되살아났다. 소번은 총을 들려고 했다. 그 순간 아주 가까이에서 사납게 으르렁거리는 소리가 들려 깜짝 놀랐다. 3미터도 안 떨어진 곳에 암호랑이처럼 크고 사나운 어미 스라소니가 서 있었다. 지금 새끼를 쏘는 것은 분명 어리석은 짓이었다.

소년은 스라소니가 으르렁거리는 소리를 들으면서 초조하게 총에 큰 산탄을 넣었다. 하지만 총을 겨누기도 전에 어미 스라소니가 발치에 놓여 있던 것을 덥석 물었다. 하얀 점이 박힌 짙은 갈색 털이 얼핏 보였다. 죽은 지 얼마 안 된 새끼 사슴의 축 늘어진 몸이었다.

암호랑이처럼 사나운…… 어미 스라소니가 서 있었다.

다음 순간 어미 스라소니는 새끼들을 데리고 소번의 눈앞에서 사라졌다. 소번은 그 어미 스라소니를 다시 보지 못했다. 훗날 생사의 갈림길에서 목숨을 걸고 싸우게 될 때까지는.

4

숲의 공포

그로부터 별다른 일 없이 6주가 흐른 어느 날, 그날따라 코니는 유난히 말이 없었다. 잘생긴 얼굴에 웃음기가 하나도 없었고, 잘 부르던 노래도 부르지 않았다.

코니와 소번은 큰 방 한쪽에 놓인 건초 침대에서 잠을 잤는데, 그날 밤 코니가 끙끙대며 뒤척이는 소리에 소번은 몇 번이나 잠이 깼다.

다음 날 코니는 평소처럼 새벽에 일어나 말들에게 여물을 주고, 여동생들이 아침을 짓는 동안 침대에 누워 있었다. 그러고는 간신히 다시 일어나 일하러 갔지만 일찍감치 집으로 돌아왔다. 코니는 머리에서 발끝까지 덜덜 떨었다.

한여름인데도 코니는 계속 춥다고 했고, 몇 시간 뒤에는 반대로 고열에 시달렸다. 식구들은 코니가 미개척 삼림지에서 걸리기 쉬운 끔찍한 열병을 앓고 있다는 것을 깨달았

다. 마거트는 매화노루발을 한 아름 뜯어 와 차를 끓여서 코니한테 자꾸 마시게 했다.

 온갖 약초를 써 보고 아무리 정성껏 간호해도 코니의 병은 점점 깊어만 갔다. 열흘이 지나자 코니는 뼈만 앙상하게 남았고 일은 생각도 할 수 없었다. 어느 날 열이 조금 떨어지자, 코니가 말했다.

 "애들아, 더 이상은 못 버티겠어. 집에 가야겠다. 오늘 한동안은 마차를 몰 수 있을 것 같아. 정 힘들면 마차에 눕지, 뭐. 말들이 알아서 집에 데려다줄 거야. 일주일쯤 어머니의 간호를 받으면 나을 것 같아. 내가 오기 전에 먹을 것이 떨어지면 카누를 타고 엘러턴네 집으로 가."

 루와 마거트는 마차에 말을 매고 건초도 조금 실었다. 병으로 허약해진 코니는 창백한 얼굴로 마차를 몰고 먼 길을 떠났다. 남은 식구들은 유일한 배를 잃어버린 채 무인도에 남은 심정이었다.

사나흘도 채 지나지 않아 마거트와 루와 소번 모두가 코니보다 훨씬 지독한 열병으로 쓰러졌다.

코니는 그나마 이틀에 한 번꼴로 '괜찮은 날'이 있었지만, 이 세 사람한테는 '괜찮은 날'이라곤 아예 없었고 집안 꼴은 점점 더 비참해졌다.

그렇게 일주일이 지났다. 마거트는 자리에서 일어나지도 못했고, 루는 간신히 집 주변을 돌아다녔다. 워낙 씩씩한 루는 사람들의 기운을 북돋아 주려고 곧잘 농담을 하기도 했지만, 그때마다 루의 파리한 얼굴은 고통으로 일그러졌고 목소리는 가냘프기 짝이 없었다.

소번도 몸이 아프고 기운이 없었지만 그나마 가장 팔팔했다. 그래서 소번이 날마다 간단한 끼니를 챙겨서 두 사람에게 갖다주었다. 다행히 다들 아주 조금밖에 먹지 못했다. 식량이 거의 바닥난 데다, 다음 주에도 코니가 안 돌아올지 모른다는 걱정 때문인지도 몰랐다.

다시 며칠이 지나자, 자리에서 일어날 수 있는 사람은 소번뿐이었다. 어느 날 아침, 소번은 아픈 몸을 이끌고 아껴둔 베이컨을 가지러 갔다가 베이컨이 통째로 사라진 것을 보고 소스라치게 놀랐다. 야생 동물의 짓이 틀림없었다. 파리가 꾀지 않도록 작은 상자에 담아 그늘진 곳에 놓아둔 베이컨이 감쪽같이 사라진 것이다.

이제 먹을 것이라고는 밀가루와 차밖에 없다. 소번은 눈 앞이 깜깜했다. 그때 마구간 주위를 돌아다니는 닭들이 눈에 들어왔다. 하지만 무슨 소용이란 말인가. 이렇게 힘없는 상태에서는 닭을 잡느니 차라리 사슴이나 매를 잡는 게 나을 것 같았다.

그때 문득 총이 생각났다. 얼마 안 있어 소번은 통통한 암탉을 잡아서 삶을 준비를 했다. 통째로 삶는 것이 가장 쉬운 방법이었다. 그리고 오랜만에 정말 맛있는 국물을 먹을 수 있었다.

세 사람은 그 닭으로 사흘을 버텼다. 소번은 다시 총을 들고 나섰다. 총은 지난번보다 훨씬 무겁게 느껴졌다. 소번은 헛간으로 기어갔지만 기운도 없고 몸이 덜덜 떨려서 몇 번이나 빗맞힌 끝에 간신히 닭 한 마리를 잡았다. 소총은 코니가 가져갔고 산탄총에는 이제 탄알이 세 개밖에 남아 있지 않았다.

그나마 암탉도 서너 마리밖에 없는 것을 보고, 소번은 깜짝 놀랐다. 처음에는 열두 마리도 넘게 있었는데. 사흘 뒤 소번은 다시 사냥에 나섰다. 암탉은 한 마리밖에 보이지 않

앉고, 그 암탉을 마지막 남은 탄알로 잡았다.

소번의 하루는 끔찍할 만큼 단조로웠다. 열이 조금 내리는 새벽이면 먹을 것을 마련하고, 밤중에 열이 펄펄 날 때를 대비하여 침대 머리맡에 물 한 양동이씩을 놓아두었다.

한 시쯤이면 어김없이 이빨이 딱딱 부딪칠 정도로 지독한 오한이 몰려와 다들 머리에서 발끝까지 부들부들 떨었다. 몸속도 춥고 바깥도 추웠다. 어떤 것도 추위를 덜어 주지 못했다. 불도 아무 소용이 없었다. 그저 침대에 누워 온몸이 부서져라 덜덜 떨면서 천천히 얼어 죽는 듯한 고통을 겪는 수밖에 없었다. 그렇게 여섯 시간을 시달리다 보면 엎친 데 덮친 격으로 구역질까지 났다. 그러다 저녁 일고여덟 시쯤이면 이번에는 온몸이 불덩이처럼 뜨거워졌다. 얼음으로도 식힐 수 없을 만큼 열이 나서, 소번은 애타게 물을 찾았다. 그렇게 새벽 서너 시까지 물을 마시다 보면 열이 가라앉았고, 지칠 대로 지쳐서 잠이 들곤 했다.

코니가 마지막으로 남긴 말은 "먹을 것이 떨어지면 카누를 타고 엘러턴네 집으로 가."였다. 하지만 누가 카누를 탈 수 있단 말인가?

이제 먹을 것이라고는 닭 반 마리뿐이었고, 코니는 돌아올 기미도 없었다.

죽음과도 같은 나날이 기나긴 3주 동안 이어졌다. 오한과 고열이 점점 심해지는 가운데 환자들은 더욱더 쇠약해졌다. 며칠 뒤에는 소번도 자리에서 일어나지 못할 것이다. 그러면 그 후에는?

온 집 안이 절망으로 가득 찼다. 저마다 "오, 하느님! 코니는 영영 돌아오지 않나요?" 하고 소리 없이 울부짖었다.

5

소년의 집

반 남은 닭고기마저 떨어져 가던 날, 소번은 열이 날 때를 대비해서 아침 내내 물을 넉넉히 길어 놓았다. 오한은 생각보다 일찍 닥쳤고, 열은 어느 때보다 높았다.

소번은 틈만 나면 머리맡에 놓인 양동이의 물을 벌컥벌컥

마셨다. 새벽 2시쯤 열이 가시고 잠들 무렵, 양동이에 가득했던 물은 거의 바닥나 있었다.

어슴푸레한 새벽녘, 소번은 퍼뜩 잠에서 깨어났다. 어딘가 멀지 않은 곳에서 찰랑찰랑 물소리가 들려왔다. 고개를 돌려 보니, 30센티미터도 안 떨어진 곳에서 두 개의 눈동자가 번뜩였다. 거대한 짐승이 침대맡에 놓인 양동이의 물을 할짝거렸다.

소번은 겁에 질려 멍하니 바라보다가, 꿈이려니 하고 다시 눈을 감았다. 소파 옆에 인도호랑이가 앉아 있는 악몽을 꾼 것이겠지. 하지만 소리가 그치지 않았다. 눈을 떠 보니, 그 동물이 아직도 거기에 있었다. 소번은 소리를 지르려 입을 벌렸지만, 목구멍에서는 꺼억꺼억 소리밖에 나지 않았다. 거대한 동물은 눈동자를 번뜩이며 털북숭이 머리를 흔들고 쿵쿵거렸다. 정체를 알 수 없는 그 짐승은 양동이에

걸쳤던 앞발을 내리고는 탁자 밑으로 들어갔다.

소번은 잠이 싹 달아났다. 소번은 팔꿈치로 몸을 받치고 천천히 일어나 "쉬익, 쉭." 하고 힘없이 소리쳤다. 그러자 다시 탁자 밑에서 번뜩이는 눈동자가 나타나더니 잿빛 형체가 쓰윽 다가왔다. 그리고는 침착하게 집 안을 가로질러 텅 빈 감자 보관용 땅굴 쪽 통나무 아래로 미끄러지듯 빠져나갔다.

도대체 뭐였지? 소번은 짐작이 가지 않았다. 아무튼 사나운 맹수가 틀림없다. 소번은 힘이 쭉 빠졌다. 소번은 공포와 무력감에 사로잡혀 부들부들 떨었다. 그 뒤로 소번은 문득문득 소스라치게 놀라며 잠에서 깨어나, 무시무시한 눈동자를 가진 거대한 잿빛 형체가 어둠 속에서 어슬렁거리지 않는지 살펴보았다.

어느덧 날이 밝았다. 소번은 간밤의 일이 꿈인지 생시인지 분간이 가지 않았다. 그래도 없는 힘을 쥐어짜서 오래된 땅굴을 장작으로 막았다.

세 사람은 입맛도 없고 제대로 먹지도 못했다. 이제 먹을 것이라고는 먹다 남은 닭고기뿐이었다. 코니는 남은 사람들이 엘러턴네 집에서 식량을 얻을 거라고 생각하는 모양이었다.

다시 밤이 찾아왔다. 소번은 열에 들떠서 깜빡 졸다가, 또다시 집 안에서 나는 소리에 잠이 깼다. 뼈를 와작와작 씹는 소리. 소번은 주위를 두리번거리다가 작은 창문을 등지고 탁자에 앉아 있는 커다란 동물의 희미한 윤곽을 보았다. 소번은 소리를 꽥 지르며 침입자에게 신발을 던지려고 했다. 하지만 동물은 땅바닥으로 사뿐히 뛰어내려, 감자 땅굴로 빠져나갔다.

이번에는 절대로 꿈이 아니었다. 마거트와 루도 눈치를 챘다. 동물이 내는 소리를 들었을 뿐 아니라 마지막 닭고기마저 깨끗이 사라졌기 때문이다.

가엾은 소번은 가까스로 자리에서 일어났다. 배가 고프다고 보채는 마거트와 루 때문에 어쩔 수가 없었다. 소번은 샘가에서 나무딸기를 몇 알 따 와 함께 나누어 먹었다. 그리고 여느 때처럼 오한과 갈증에 대비해서 물을 길어 놓고, 침대맡에 낡은 작살을 놓아두었다. 탄약이 없어서 총도 쓸

모없어진 지금, 작살만이 유일한 무기였다. 더불어 소나무 뿌리와 성냥도 놓아두었다.

그놈은 배가 고프면 다시 올 것이다. 하지만 먹이는 찾지 못할 것이다. 그렇다면 놈은 당연히 살아 있는 먹이를, 산송장이나 다름없이 누워 있는 먹이를 잡아먹을 것이다. 그러자 소번은 잔인한 스라소니의 입에 물려 늘어져 있던 작은 새끼 사슴이 떠올랐다.

소번은 다시 장작으로 감자 땅굴을 막았다. 또다시 고통스러운 밤이 찾아왔지만, 사나운 짐승은 나타나지 않았다.

이튿날은 밀가루와 물로 끼니를 때웠다. 소번은 음식을 만들기 위해 땅굴을 막아 놓았던 장작을 조금 덜어 내어 썼다. 루는 몸이 가벼워서 날아갈 것 같다고 농담을 하면서 자리에서 일어나려고 했지만, 고작 침대 가장자리까지밖에 가지 못했다.

소번은 늘 하던 대로 물을 준비해 놓고 잠자리에 들었다. 이른 새벽, 소번은 침대맡에서 물을 할짝이는 소리를 듣고 퍼뜩 깨어났다. 창문으로 스며드는 어스름한 새벽빛 속에서 번뜩이는 눈동자와 커다란 머리를 가진 잿빛 형체가 모습을 드러냈다.

소번은 죽을힘을 다해 고함을 쳤지만, 꺽꺽 하는 가냘픈 소리밖에 나오지 않았다.

소번은 힘겹게 일어나 소리쳤다.

"루 누나, 마거트 누나! 스라소니야. 스라소니가 또 나타났어!"

하지만 소번이 들은 대답은 "하느님 도와주십시오. 저희는 아무 힘도 없습니다."뿐이었다.

"쉬익, 쉭!"

소번은 스라소니를 쫓으려고 했다. 그러나 스라소니는 창가에 있는 탁자로 뛰어올라 크르릉거렸다.

스라소니가 잠시 창문 쪽을 보기에, 소번은 스라소니가 유리를 깨고 도망치려는 줄 알았다. 하지만 스라소니는 돌아서서 소번을 노려보았다. 어둠 속에서 눈이 번쩍번쩍 빛났다. 소번은 천천히 몸을 일으켜 침대 언저리로 가서 살려 달라고 기도했다. 스라소니를 죽이지 않으면 자신이 죽을 것이다.

소번은 소나무 뿌리에 성냥불을 붙여서 왼손에 들고는, 오른손으로 작살을 들었다. 하지만 너무 기운이 없어서 작살을 지팡이처럼 짚어야 했다. 거대한 짐승은 여전히 탁자 위에 있었는데, 금방이라도 뛰어내릴 듯 몸을 약간 움츠렸다. 스라소니의 눈동자가 횃불에 비쳐 붉게 빛났다. 스라소니는 짧은 꼬리를 까딱까딱 흔들면서 더욱 높은 소리로 크르릉거렸다. 소번은 무릎이 딱딱 부딪쳤지만, 남은 힘을 쥐어짜서 스라소니한테 작살을 겨누고 달려들었다.

그 순간 스라소니도 펄쩍 뛰어올랐다. 하지만 스라소니는 소번에게 달려들지 않았다. 횃불과 소번의 대담한 행동에 겁을 먹고는 소번의 머리 위를 지나 바닥에 내려서자마자 침대 밑으로 기어 들어갔다.

스라소니는 잠시 물러났을 뿐이다. 소번은 통나무 선반에 횃불을 놓고는 두 손으로 작살을 움켜쥐었다. 소번은 살아남기 위해 필사적으로 싸워야 했다. 마거트와 루의 가냘픈 기도 소리가 들렸다. 침대 밑에서는 번쩍이는 눈동자밖에 보이지 않았다. 스라소니가 크르렁거리는 소리가 더욱

소년은 남은 힘을 쥐어짜서 스라소니한테 달려들었다.

높아져 갔다. 소번은 스라소니가 곧 공격하리라는 것을 알았다. 소번은 가까스로 몸을 버티고 서서 온 힘을 다해 작살을 찔렀다.

 작살 끝이 통나무보다 부드러운 것에 닿는가 싶더니 곧이어 끔찍한 비명이 터져 나왔다. 소번이 작살에 온몸의 무게를 실어 꾹 누르자 스라소니는 소번을 물려고 발버둥쳤다. 스라소니가 이빨과 발톱으로 작살 손잡이를 긁는 게 느껴졌다. 스라소니가 다가오고 있었다. 억센 다리와 발톱이 소번에게 다가오고 있었다. 하지만 소번은 오래 버틸 수가 없었다. 마침내 소번은 남은 힘을 다 쥐어짜서 작살을 좀 더 세게 눌렀다. 스라소니가 몸부림을 치면서 카르랑거리더니, 뚝 하는 소리가 들리면서 갑자기 작살이 휘청거렸다. 작살의 썩은 끝부분이 부러진 것이다. 그 순간 스라소니가 소번 쪽으로 튀어나왔다. 그러나 스라소니는 소번을 그냥 지나쳐 감자 땅굴 속으로 사라져 버렸다.

 소번은 침대에 쓰러져 그대로 의식을 잃었다.

 얼마나 누워 있었을까. 쩌렁쩌렁 울리는 명랑한 목소리에 깨어나 보니 환한 대낮이었다.

 "애들아! 애들아! 녀석들, 다 죽었냐? 루! 소번! 마거트!"

 소번은 대답할 기운조차 없었다. 바깥에서 말발굽 소리가 나더니, 쿵쿵쿵 묵직한 발소리가 다가왔다. 이어 문이

활짝 열리고 코니가 예전처럼 잘생기고 쾌활한 모습으로 성큼성큼 들어왔다. 하지만 쥐 죽은 듯 고요한 오두막에 들어서자, 코니의 얼굴에 순간 두려움과 고통이 스쳐 지나갔다!

코니는 숨을 헐떡이며 물었다.

"죽었니? 누가 죽은 거야? 다들 어디 있어? 소번?"

그러다가 인기척을 느끼고 물었다.

"누구니? 루? 마거트?"

침대에서 희미한 소리가 들렸다.

"코니 형, 코니 형, 누나들은 저기 있어. 다들 너무 아파. 먹을 것도 없어."

"아, 내가 바보였어!"

코니는 그 말을 몇 번이나 되풀이했다.

"너희들이 엘러턴네 집에서 식량을 얻어다 먹을 줄 알았지."

"그럴 수가 없었어. 형이 떠나자마자 우리 셋이 한꺼번에 앓아누웠거든. 거기다가 스라소니가 암탉들과 집 안에 있는 음식까지 죄다 쓸어가 버렸어."

"흠, 복수는 했나 보구나."

코니는 흙바닥을 거쳐 통나무 아래로 이어진 핏자국을 가리키며 말했다.

좋은 음식과 간호와 약 덕분에 세 사람은 건강을 되찾았다.

한두 달이 지나 마거트와 루가 여과기로 쓸 통이 필요하다고 하자, 소번이 말했다.

"속이 빈 피나무가 있는 데를 알아. 큰 통으로 쓸 만해."

소번은 코니와 함께 그 빈터로 갔다. 속이 빈 피나무를 잘라 냈을 때, 어미 스라소니와 새끼 두 마리의 말라비틀어진 몸뚱이가 나타났다. 어미 스라소니의 옆구리에는 손잡이가 부러진 작살이 박혀 있었다.

옮긴이의 말

시튼의 삶과 문학

  동물 문학의 아버지, 어니스트 톰프슨 시튼은 1860년 영국의 더럼주 사우스실즈에서 태어났습니다. 아버지의 사업 실패로 형편이 어려워지자, 시튼 가족은 1866년 캐나다로 이주해 온타리오주 린지 근처의 시골에서 살게 되었습니다. 시튼 가족은 울창한 침엽수림에 둘러싸인 통나무집에서 개척자 생활을 시작했고, 영국에 있을 때부터 남달리 동물을 좋아했던 어린 시튼은 캐나다의 광대한 야생에서 자연에 대한 사랑을 더욱 키워 갔습니다.

  시튼은 열 살 무렵 온타리오주의 주도이자 캐나다 제1의 도시인 토론토로 이사했지만 대도시로 온 뒤에도 늘 자연을 그리워했습니다. 어떻게든 동물을 보기 위해 시내의 박제 가게를 드나들고, 주말마다 교외로 나가 자연을 탐험하고, 그렇게 찾아낸 자기만의 비밀 장소에 동경하는 아메리카 원주민들의 방식을 흉내 내어 혼자 힘으로 오두막집을 짓기도 했습니다. 늘 자연 속에서 지내며 자연을 더 깊이 알고 싶었던 시튼은 박물학자가 되는 것이 꿈이었습니다. 하지만 아버지는 그림에 재능이 있다면서 화가가 되라고 했고 시튼은 아버지의 뜻에 따라 온타리오 미술 대학에 들어갔습니다. 졸업 후에는 영국으로 건너가 영국 왕립 미술 아카데미에서 미술 공부를 계속했습니다.

시튼은 1881년에 캐나다로 돌아와 매니토바주 카베리 근방의 농장에 사는 형과 함께 지냈습니다. 자연의 품에서 보낸 그 시절은 시튼의 일생에서 가장 행복하고 값진 시간이었다고 합니다. 시튼은 짐승과 새들을 관찰해 상세히 기록하고, 뛰어난 그림 솜씨로 수많은 동물 그림을 그렸습니다. 이때 시튼이 직접 자연 속에서 경험한 여러 동물들과의 만남은 훗날 《내가 알던 야생 동물들》(1898)을 쓰는 밑거름이 되었습니다.

시튼의 대표작인 이 책은 세상에 나오자마자 '사실적 동물 문학'이라는 새로운 문학의 장을 열었다는 찬사를 받았습니다. 그 전까지 문학 작품에서 묘사된 동물들은 이솝 우화나 그림 동화 같은 옛이야기의 전통에서 크게 벗어나지 않았습니다. 즉 겉모습만 동물일 뿐 사람처럼 행동하고 사람처럼 말하는, 그야말로 '동물의 탈을 쓴 사람'이나 다름없었지요. 하지만 시튼은 늑대의 방식대로 살아가는 늑대, 토끼의 방식대로 살아가는 토끼를 그렸습니다. 시튼의 동물 이야기에는 오랫동안 동물을 관찰하고 연구해 온 사람만이 표현할 수 있는 놀라운 현장감이 가득합니다. 시튼도 《내가 알던 야생 동물들》의 머리말에서 자신이 쓴 이야기들이 모두 사실에 바탕을 두었다는 점을 분명히 밝힙니다.

이 이야기들은 모두 사실이다. 비록 많은 대목에서 약간의 가공을 하긴 했지만, 이 책에 나오는 주인공들은 모두 실제로 존재했던 동물이다. 그들은 내가 묘사한 대로 살았으며, 그들이 보여 준 영웅적인 행동과 개성을 다 표현하기에는 내 글재주가 턱없이 모자랐다.

시튼은 또 모든 이야기가 주인공의 죽음으로 끝나는 것도 실제 동물의 삶을 근거로 했기 때문이라고 덧붙입니다. "이 책의 동물 이야기들이 모두 비극인 것은 실화이기 때문이다. 야생 동물은 언제나 비극적인 최후를 맞는 법이다."라고요. 책을 읽는 독자로서는 주인공이 '그 후로 오래오래 행복하게' 살았으면 좋겠지만, 위험의 연속인 야생의 삶을 생각해 보면 시튼의 말에 고개를 끄덕이게 됩니다. 한 번의 실수가 곧장 죽음으로 이어질 수 있는 야생에서 옛날이야기 같은 행복한 결말은 쉽게 찾아볼 수 없는 일이겠지요.

하지만 시튼의 이야기 속 동물들은 저마다 처한 환경에서 자신만의 능력과 경험을 활용해 매 순간 온 힘을 다해 살아갑니다. 그리고 그러한 과정에서 때로는 사람보다 더 위대한 모습을 보여 줍니다. 시튼은 자신이 만난 동물들을 "영웅"이라고 불렀습니다. 1905년에 출간한 《동물 영웅들》의 머리말에서 시튼은 이렇게 썼습니다.

영웅이란 남다른 재능과 업적의 소유자를 말한다. 이 정의는 인간과 동물 모두에게 해당한다. 영웅의 이야기는 사람들의 가슴과 상상력을 움직이는 힘이 있다.

위대한 인물의 이야기는 종종 이야기를 읽는 사람의 마음을 움직여 생각과 행동을 변화시키곤 합니다. 시튼은 그러한 이야기의 힘을 잘 알고 있었고, 그것은 이야기의 주인공이 동물일 때도 마찬가지라고 생각했습니다.

나는 박물학에서 너무나 흔히 쓰이는 막연하고 일반적인 접근법으로는 놓치는 것이 많다고 생각한다. '인간'의 습성과 관습을 10페이지로 요약해 놓은 글에서 무슨 만족을 얻겠는가? 차라리 한 위대한 인간의 삶을 그리는 데 그 힘을 쏟는 게 낫지 않을까. 나는 바로 이 원칙을 나의 동물들에게 적용하려고 했다. 나의 주제는 무심하고 적대적인 인간의 눈에 비친 한 종의 일반적인 생태가 아니라, 각 동물의 진정한 개성과 삶의 관점이다. _《내가 알던 야생 동물들》머리말에서

사실적인 동물의 모습을 담고 있어도, 시튼의 이야기는 백과사전이나 동물도감이 아니라 어디까지나 '이야기'입니다. 주인공이 있고, 사건이 펼쳐지고, 독자가 주인공과 함께 울고 웃을 수 있는 이야기 말입니다. 우리가 어떠한 대상을 알고자 할 때, 그 대상을 주인공으로 한 이야기를 읽는 것은 가장 손쉽고 효과적이면서도 그 대상을 깊이 이해할 수 있는 방법 가운데 하나입니다. 시튼은 동물을 주인공으로 한 이야기를 통해 우리에게 야생 동물의 삶을 구석구석 들여다보게 합니다. 그러면서 동물들을 향한 "무심하고 적대적인" 눈을 거두고 인간을 보듯이 동물을 보라고 말합니다.

이런 동물 이야기 모음집은, 지난 세기였다면 교훈이라고 불렸을 진부한 생각을 자연스럽게 내비치는 법이다. 나의 책을 읽는 사람들은 저마다 자기 입맛에 맞는 교훈을 찾아낼 것이다. 하지만 내가 독자들에게 바라는 것은 성서만큼이나 오래된 교훈, 즉 우리 인간과 동물은 친척이라는 점이다. 인간이 가지고 있는 것이라면 동물도 조금은 가지고 있으며, 동물이 가지고 있는 것은 인간들도 어느 정도 가지고 있다.

그렇다면 동물은 정도만 다를 뿐 우리처럼 욕구와 감정을 가진 생물이기에, 동물 역시 권리를 가져야 마땅하다. 백인들의 세계에는 이제야 알려지기 시작했지만, 불교에서는 이미 2천 년 전에 역설한 사실이다. _《내가 알던 야생 동물들》 머리말에서

시튼은 자연과의 조화를 중시하는 동양의 불교나 아메리카 원주민 문화에서 자연에 대한 태도를 배워야 한다고 생각했습니다. 특히 동물을 인간의 형제처럼 여기고 자연과 어우러져 살아가는 아메리카 원주민들이야말로 가장 이상적인 인간이라고 보았지요. 그래서 '우드크래프트 연맹'(설립 당시 이름은 '우드크래프트 인디언스')이라는 단체를 만들어 청소년들과 함께 숲속에서 야영을 하면서 원주민들의 생활 방식과 숲에서 살아가는 여러 기술을 가르쳤습니다. 나아가 1910년에는 베이든파월 경을 비롯한 여러 동료들과 함께 '미국 보이 스카우트'를 창설해 자라나는 청소년들에게 자연과 함께하는 삶을 알리는 데 힘썼습니다.

1930년에 시튼은 뉴멕시코주 샌타페이로 이사 가서 '시튼 마을'을 세웠습니다. 시튼 마을은 자연을 사랑하고 박물학과 북미 원주민 문화를 연구하는 사람들이 모여드는 중심지가 되었습니다. 시튼은 그 뒤로도 많은 책을 쓰고 강연을 하면서 자연에 대한 사랑과 원주민 문화의 중요성을 역설했습니다. 죽는 날까지 자연을 사랑하고 그 사랑을 적극적으로 실천했던 시튼은 1946년 샌타페이의 시튼 마을에서 그토록 사랑하던 자연의 품으로 돌아갔습니다.

수록 작품 해설

첫 번째 이야기 〈비둘기 아녹스의 마지막 귀향〉의 주인공은 전서구입니다. 전서구는 지금처럼 교통과 통신이 발달하지 않았던 옛날에 소식을 전해 주도록 훈련시킨 비둘기를 말합니다. 요즘에는 전화는 물론이고 인터넷으로 전 세계가 연결되어 있지만, 시튼이 살던 시절만 해도 전화는 이제 막 발명되어 조금씩 사용되기 시작했고 대부분의 연락은 편지로 주고받았습니다. 이런 시대에 전서구는 전보와 더불어 급한 소식을 전해야 할 때 요긴한 통신 수단이었지요.

작고 연약한 새인 비둘기에게 이런 중요한 일을 맡길 수 있었던 까닭은 비둘기가 낯선 곳에서도 길을 잃지 않고 집을 찾아 돌아오는 능력, 즉 귀소 본능이 발달한 동물이기 때문입니다. 많은 동물들이 귀소 본능을 지니고 있는데, 특히 새들은 아주 먼 곳에서도 자기가 살던 곳을 정확히 찾아오는 것으로 유명합니다. 어떤 철새들은 해마다 수백, 수천 킬로미터를 날아 고향으로 돌아오곤 하지요. 어떤 보이지 않는 힘이 새들을 이끄는 것일까요? 지도도 나침반도 없이 길을 찾아 자신이 살던 고향으로 어김없이 돌아오는 새들의 능력은 감탄을 넘어 경이로움을 불러일으킵니다.

시튼도 뛰어난 전서구 아녹스에게서 비슷한 느낌을 받았던 것 같습니다. 탁월한 방향 감각과 지치지 않는 체력, 오직 집만을 생각하는 강렬한 본능으로 아녹스는 망망대해에서 조난당한 배를 구하기도 하고 전보보다 빨리 소식을 전하기도 하는 등 눈부신 활약을 펼칩니다. 하지만 전서구 경주 대회 중에 욕심에 눈먼 한 사육사에게 2년 동안 붙잡혀 지내게 되지요. 가까스로 자유의 몸이 된 아녹스는 마치 지난 2년의 세월이 없었던 것처럼 한순간의 망설임도 없이 집을 향해 날아갑니다.

시튼은 오직 집만을 바라보는 아녹스의 굳건한 마음을 어떤 종교적 열망에 가까울 정도로 성스럽게 묘사합니다. 아녹스는 주변의 어떤 유혹에도 흔들리지 않고 "마치 성자처럼, 내면 깊숙이 가라앉아" 자신의 마음이 가리키는 단 한 곳, 집을 향해 곧장 날아갑니다. 심지어 사냥꾼의 총구가 번쩍이는데도, 매가 숨어서 기다리는데도 피하거나 돌아가지 않습니다. 결국 아녹스는 그토록 그리워하던 집을 보지 못하고 매에게 희생당하고 말지요. 시튼은 숨 돌릴 틈 없이 이어지는 아녹스의 마지막 비행을 긴박하게 묘사하면서 아녹스의 마음을 가득 채운 집을 향한 사랑을 장엄하고 숭고한 필치로 그려 냈습니다.

아녹스는 시튼 시대에 실제로 활약했던 전설적인 전서구라고 합니다. 시튼은 아녹스 이야기가 실린 《동물 영웅들》의 서문에서 이렇게 밝혔습니다.

"가장 사실에 가까운 이야기는 아녹스 이야기이다. 아녹스는 전서구의 세계에서도 유명한 비둘기였기 때문에, 그 새를 아는 몇몇 사람이 많은 정보를 제공해 주었다.

잔인한 매들의 둥지는 이제 그 주인과 새끼들과 함께 미국 뉴욕의 자연사 박물관에서 볼 수 있다. 박물관 당국에 따르면 그 둥지에서 9970-S, 1696, U.63, 77, J.F.52, Ex.705, 6-1894, C20900 등의 번호가 새겨진 전서구들의 배지가 발견되었다고 한다. 전서구 애호가들이 이 번호들을 본다면, 오래전부터 '다시는 돌아오지 않았다'는 기록만 남아 있던 훌륭한 비행가들의 운명을 알 수 있을지도 모른다."

〈소년을 사랑한 늑대〉의 주인공 늑대도 실제로 존재했던 늑대를 모델로 삼았습니다. 이야기의 첫머리에 나오는 대로 시튼은 1882년 3월에 매니토바주 위니펙으로 가던 기차 안에서 이 늑대를 보았습니다. 1881년 가을에 영국 유학에서 돌아온 시튼은 몇 달간 가족과 함께 토론토에서 지내다가 형이 살고 있는 매니토바주 카베리의 농장에 가서 새 출발을 하기로 마음먹습니다. 그래서 가진 돈을 털어 농장에서 키울 암탉과 기차표를 사서 위니펙행 기차에 오릅니다. 일단 매니토바주의 주도인 위니펙까지 가서 거기서 기차를 갈아탈 예정이었지요.

그런데 도중에 폭설을 만나는 바람에 사흘짜리 여정이 2주로 늘어나 버립니다. 시튼은 그때 엄청나게 고생을 했다는데, 나중에는 먹을 것이 없어서 암탉이 낳은 달걀을 생으로 먹으며 겨우겨우 배를 채웠다고 합니다. 그렇게 간신히 위니펙에 다다랐을 즈음, 시튼은 수많은 개들에 둘러싸여서도 당당하고 위엄 있게 맞서던 커다란 늑대를 보게 됩니다. 그 모습에 얼마나 감명을 받았는지, 다시 기차가 눈에 갇혀서 늑대를 계속 볼 수 있었으면 좋겠다고까지 생각하지요.

그 뒤 시튼은 그 늑대가 "시골보다 읍내를 좋아하고, 양은 묵묵히 지나치지만 개는 반드시 죽여 버리며, 늘 혼자서 사냥을 하는" 것으로 유명한 위니펙의 늑대라는 것을 알게 됩니다. 이런 늑대는 "참으로 특이"합니다. 왜냐하면 〈커럼포의 늑대 왕 로보〉(《시튼 동물기》 1권 수록)에서도 잘 나타나듯 늑대는 사람들 가까이에 살지 않고 무엇보다 무리 생활을 하는 동물이기 때문입니다. 위니펙의 늑대는 어떤 사연이 있어서 이렇게 고독한 삶을 살게 된 걸까요? 그다음부터 이어지는 이야기는 시튼이 이 질문에 상상력을 발휘해 대답하는 부분이라고 할 수 있습니다.

위니펙의 늑대는 어릴 때 사냥꾼에게 어미와 형제들을 잃고 혼자가 된 뒤, 사슬에 묶인 채 사내들의 몽둥이와 사냥개들의 이빨에 시달리며 자라납니다. 이처럼 고달픈 삶에 한 줄기 빛이 되어 준 것은 유일하게 자기를 귀여워해 준 소년 지미였습니다. 늑대는 자신을 아껴 주는 지미에게 보답하듯 폭력을 휘두르는 아버지나 주변 어른들로부터 지미를 지켜 줍니다. 그렇게 늑대는 지난날 자기를 괴롭혔던 마을 남자들과 개들을 모두 적으로 돌리고 증오하면서도 자신을 사랑해 준 지미에게는(그리고 다른 아이들에게도) 믿음직한 경호원 같은 존재가 되지요.

지미를 향한 사랑은 지미가 죽은 뒤에도 늑대를 평생 사람들 곁에 묶어 두는 끈이 됩니다. 사람이 없고 먹잇감이 풍부한 깊은 숲속으로 떠났다면 마음 편히 살 수 있었겠지만, 늑대는 지미와의 추억이 서린 마을을 떠나지 못하고 위험과 싸움 속에서 살다가 짧은 생을 마감합니다. 힘들고 고독한 삶이 될 줄 알면서도 지미와의 마지막 끈을 놓지 못하는 늑대는, 마치 죽은 주인을 하염없이 기다리는 충직한 개의 모습을 떠올리게 합니다. 늑대와 어린 소년의 특별한 우정을 기리듯 이야기의 마지막에 아스라이 울려 퍼지는 성당의 종소리와 늑대 울음소리가 오랫동안 귓가를 맴도는 듯합니다.

시튼의 동물 이야기가 대부분 캐나다나 미국을 배경으로 하는 것과 달리, 〈하얀 순록의 전설〉은 노르웨이가 배경입니다. 이 이야기는 시튼이 1900년 여름에 노르웨이에 머무는 동안 "우트로반 호수 근처에서 순록 떼가 풀을 뜯는 가까운 고원을 바라보며 썼다."고 합니다. 먼 나라의 색다른 풍경 속에서 영감을 받아 그런지, 〈하얀 순록의 전설〉은 사실성을 중시하는 시튼의 여느 동물 이야기와 달리 환상성이 짙게 깔려 있습니다. 시튼 자신도 이 이야기가 실린 《동물 영웅들》의 서문에서 "가장 많이 상상력을 발휘한 이야기는 하얀 순록 이야기이다."라고 밝혔습니다.

우선 주인공부터가 온몸이 하얀 순록입니다. 선천적으로 몸의 색소가 없어 털이나 피부가 하얀색을 띠는 동물을 '알비노'라고 하는데, 알비노 동물은 아주 드물게 발견되기 때문에 옛사람들은 상서로운 징조로 여기곤 했지요. 이 이야기 속에서도 하얀 순록은 나라의 운명을 좌우하는 특별한 역할을 맡습니다. 또 전설을 보면 으레 영웅의 탄생에 앞서 예언이 있기 마련인데, 이 이야기에도 '포세칼'이라는 예언자가 있습니다. 포세칼은 새의 모습으로 나타나기도 하고 요정 트롤의 모습으로 나타나기도 하면서 하얀 순록의 앞날을 예언하는 노래를 부릅니다. 이 포세칼이라는 수수께끼의 존재가 늘 하얀 순록 곁을 맴돌면서 이야기에 신비로운 분위기를 더하지요.

이야기의 환상성이 가장 고조되는 부분은 마지막 결말입니다. 하얀 순록은 노르웨이를 팔아넘기려는 악당을 썰매에 태우고 포세칼의 노랫소리와 함께 휘몰아치는 눈보라 속으로 영원히 사라집니다. 하얀 순록은 과연 어떻게 된 걸까요? 길을 잃고 추위 속에서 숨을 거두었을까요? 신화 속 서리 거인들의 땅 요툰헤임으로 가서 행복하게 살고 있을까요? 아니면 악당의 손아귀에서 노르웨이를 구하기 위해 영원히 눈보라 속을 달리고 있을까요? 시튼은 확실한 대답을 주지 않고 독자들의 상상력을 자극합니다. 이국적인 배경에서 작가 자신의 상상력을 마음껏 펼쳐 보인 이야기에 걸맞은 인상적인 결말입니다.

마지막 작품인 〈소년과 스라소니〉도 구성이 독특합니다. 다른 작품들에서는 대부분 한 동물의 시점에서 이야기가 진행되는데, 여기서는 제목처럼 소년과 스라소니 두 주인공이 나옵니다. 첫 장에서는 숲속 통나무집에 머무르면서 사냥을 즐기는 소년 소번이 소개되고, 다음 장에는 먹이가 없어 굶주리는 와중에 새끼들까지 길러야 하는 스라소니가 등장합니다. 처음에는 소번과 스라소니가 별로 상관없는 것처럼 보이다가, 두 주인공이 같은 숲속에 살고 있다는 것이 분명해지면서 긴장이 시작됩니다.

굶주린 스라소니에게 암탉이 잔뜩 돌아다니는 숲속 통나무집은 사막의 오아시스나 다름없습니다. 스라소니가 이곳을 발견한 이상, 언젠가는 이곳에 사는 사람과 부딪칠 수밖에 없겠지요. 처음에 소번은 스라소니를 그저 귀중한 식량을 훔쳐 가는 괘씸한 동물 정도로 여깁니다. 그러나 다음번 만남에서 스라소니는 소번에게 정말로 해를 끼칠 수 있는 위험한 동물이 됩니다. 소번이 스라소니의 보금자리를 발견하고 새끼들을 쏘려는 순간, 어미 스라소니가 나타난 것이지요. 이 긴장감은 두 주인공이 별다른 충돌 없이 헤어지면서 곧 해소되지만, 이것은 잠깐 동안의 휴식일 뿐입니다. 시튼은 이것이 끝이 아니라고, 둘은 "훗날 생사의 갈림길에서 목숨을 걸고 싸우게" 된다고 예고합니다.

고비는 열병이 통나무집 식구들을 휩쓸면서 시작됩니다. 든든한 가장 역할을 하던 코니가 건강을 회복하러 숲을 떠난 뒤, 남아 있던 소번과 두 누나가 한꺼번에 앓아눕습니다. 1주일이 가고 2주일이 가도 코니는 돌아오지 않습니다. 그나마 조금 덜 아픈 소번이 없는 힘을 짜내 자기 몸과 누나들까지 돌봅니다. 식량도 바닥나 셋은 궁여지책으로 암탉을 한 마리씩 잡아먹으며 근근이 버티지만, 그마저 스라소니에게 거의 다 빼앗기고 말지요. 서서히 쌓여 온 긴장감이 마침내 절정에 다다릅니다. 마지막으로 잡은 암탉을 다 먹으면, 먹을 것이라고는 하나도 없고 병들어 꼼짝할 수 없는 사람 셋이 누워 있는 통나무집에서 스라소니는 어떻게 할까요?

이제 두 주인공의 충돌은 피할 수 없습니다. 상대를 죽이지 않으면 자기가 죽습니다. 상황은 소번에게 더 불리해 보입니다. 병 때문에 쇠약해질 대로 쇠약해졌고, 총알도 다 떨어졌기 때문입니다. 하지만 이런 절망적인 상황에서도 소번은 정신을 다잡고 미리 횃불과 작살을 준비하며 다가올 사투에 대비합니다. 소번의 절실함이 더 컸던 걸까요? 결국 소번은 용감히 스라소니를 물리치고 자신과 누나들의 목숨을 구합니다.

이 이야기는 시튼이 "어렸을 때 미개척 삼림지에서 직접 겪은 일을 바탕으로 썼다."고 합니다. 시튼은 열여섯 살 무렵 지인의 초대로 삼 남매가 사는 숲속 통나무집에서 한동안 지낸 적이 있는데, 그때의 경험을 가져온 것입니다. 스라소니의 시점이라든가 세세한 부분들은 시튼의 창작이겠지만, 전염병이 돌아 오빠가 먼저 본가로 돌아간 뒤 남은 여동생들과 시튼이 앓아눕고, 그 와중에 스라소니와 싸워 이긴 것 등 큰 줄거리는 모두 실제로 겪었던 일이라고 합니다. 손에 땀을 쥐게 하는 이 극적인 이야기가 실화라는 점이 더욱 놀랍습니다.

햇살과나무꾼

시튼의 생애

1860   8월 14일, 영국 더럼주 사우스실즈에서 태어났다. 시튼의 아버지는 스코틀랜드 하일랜드 지방 명문가의 후계자였다.

1866   아버지가 파산하며 온 가족이 캐나다 온타리오주로 이주했다.

1870   캐나다 토론토에서 초등 교육을 받았다. 미술에 두각을 나타냈고 가족들도 예술가가 되기를 원했지만 시튼은 자연에서 더 많은 시간을 보냈다.

열네 살 때의 시튼
© Courtesy Philment Museum and Seton Memorial Library

1879   토론토 예술 협회에서 주는 황금 메달을 받았다. 미술을 공부하기 위해 영국 런던으로 갔다가 건강이 나빠져 2년 후 다시 캐나다로 돌아왔다.

1881   형들이 사는 캐나다 매니토바주의 대초원을 누비며 자연과 동물에 관한 폭넓은 지식을 쌓았다. 이때의 경험은 훗날 시튼의 작품에 등장하는 경이로운 자연과 야생 동물 이야기 속에 녹아들었다.
이즈음 아메리카 원주민과 교류하기 시작했다. 시튼은 훗날 인디언 보호구와 멸종 동물들을 위한 동물 보호 공원의 설립을 강력하게 주장하는 사회 운동가로 활동했다.

1883   미국 뉴욕으로 가 미술학도 연맹에서 공부하며 여러 자연사학자들을 만났다. 1년 후에 프랑스 파리로 가서 미술을 공부했다.

| 1885 | 《센추리 백과사전》에 실릴 동물 그림을 1천 점 정도 그렸다. 프랭크 챔프슨의 《조류 안내서》의 삽화를 그렸다. |

시튼은 탁월한 그림 솜씨로 야생 동물 그림을 그려 생계를 유지하기도 했다.

1886	《매니토바의 포유류 목록》을 출간했다. 6년 뒤에 매니토바주 정부의 자연학자로 임명되었고, 죽을 때까지 직책을 수행했다.
1890	파리의 쥘리앵 아카데미에서 미술을 공부했다.
1891	작품 〈잠자는 늑대〉를 프랑스 파리 살롱의 특별관에 전시했다.
1893	미국 뉴멕시코 지역으로 사냥을 나갔다.
1894	〈커럼포의 늑대 왕 로보〉를 발표했다. 뉴멕시코 지역에서의 사냥 경험이 녹아든 작품이다.
1896	미국 뉴욕 출신인 그레이스 갤러틴과 결혼했다.

그레이스 갤러틴. 작가이자 여성 참정을 주장하는 사회 운동가였다. 《새내기 여성》, 《사냥꾼의 아내》 등을 썼고 코네티컷 여성 참정권 협회 회장을 지냈다.

1898	야생 동물 이야기를 쓴 첫 번째 책 《내가 알던 야생 동물들》을 발표했다. 시튼은 이 작품으로 세계적인 명성을 얻었다.
1899	《샌드힐의 수사슴》을 출간했다.
1900	《고독한 회색곰 왑의 일생》을 출간했다.

1901	•	《위대한 산양 크래그: 쫓기는 동물들의 생애》를 출간했다.
1902	•	아이들에게 자연과 접할 기회를 주려고 노력하며 보이 스카우트의 전신인 '우드크래프트 연맹'을 만들었다.
1904	•	딸 '앤 시튼'이 태어났다.
1905	•	《동물 영웅들》을 출간했다.
1906	•	보이 스카우트 운동에 본격적으로 참여했다.

미국의 삽화가이자 청소년 지도자인 대니얼 비어드(오른쪽), 영국 군인이자 작가인 로버트 베이든파월(가운데)과 함께 찍은 사진. 세 사람은 보이 스카우트 협회에서 함께 활동했다.

1909	•	《은여우 이야기》를 출간했다.
1910	•	미국 보이 스카우트 설립 위원회의 위원장으로 활동하며 보이 스카우트의 첫 매뉴얼을 만들었다.

1910년 미국 미네소타주 실버베이에서 보이 스카우트 캠프에 참가한 시튼.

1913	•	《옐로스톤 공원의 동물 친구들: 우리 곁의 야생 동물들》을 출간했다.
1916	•	《구두 신은 야생 멧돼지: 야생 동물들이 살아가는 방법》을 출간했다.

1917	아메리카 원주민인 수(sioux)족에게서 '검은 늑대'라는 이름을 얻었다.
1926	미국 보이 스카우트 협회에서 처음으로 제정한 상인 '은빛 물소상'을 받았다.
1927	수족, 푸에블로족 원주민과 생활하며 아메리카 원주민의 문화와 전통을 연구했다.
1928	1918~1925년 동안 집필한 《사냥감들의 삶》으로 미국 국립 과학 연구소가 국제적으로 시상하는 '존 버로스 메달'을 받았다. 총 4권인 이 책은 동물학 분야의 탁월한 연구가 담긴 역작으로, 시튼은 약 1,500점의 삽화를 직접 그렸다.
1930	미국 뉴멕시코주 샌타페이로 이주했고 '시튼 연구소'를 설립했다. 연구소는 레크리에이션 협회 지도자의 훈련 캠프이자 북아메리카 원주민의 생활 양식을 탐구하는 곳이었다.
1934	그레이스 갤러틴과 이혼하고 줄리아 모스 버트리와 재혼했다.
1937	《표범을 사랑한 군인: 역사에 남을 위대한 야생 동물들》을 출간했다.
1940	자서전인 《야생의 순례자 시튼》을 출간했다. 시튼은 86년의 생애 동안 40권이 넘는 책과 수많은 글을 발표했다.
1945	《산타나, 프랑스의 영웅견》을 출간했다. 이 작품은 시튼이 생전에 출간한 마지막 책이 되었다.
1946	미국 뉴멕시코의 자택에서 생을 마쳤다.

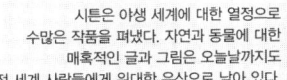

시튼은 야생 세계에 대한 열정으로 수많은 작품을 펴냈다. 자연과 동물에 대한 매혹적인 글과 그림은 오늘날까지도 전 세계 사람들에게 위대한 유산으로 남아 있다.